国家出版基金项目
NATIONAL PUBLICATION FOUNDATION

党的百年奋斗历史经验丛书

2022年主题出版重点出版物

总主编 辛向阳

开拓创新

百年奋斗的不竭动力

韩文乾 著

山东城市出版传媒集团·济南出版社

图书在版编目(CIP)数据

开拓创新:百年奋斗的不竭动力/韩文乾著. —
济南:济南出版社,2022.12
(党的百年奋斗历史经验丛书/辛向阳总主编)
ISBN 978 - 7 - 5488 - 5016 - 8

Ⅰ.①开⋯ Ⅱ.①韩⋯ Ⅲ.①中国共产党—党的建设
—研究 Ⅳ.①D26

中国版本图书馆 CIP 数据核字(2022)第 228097 号

开拓创新:百年奋斗的不竭动力

KAITUO CHUANGXIN:BAINIAN FENDOU DE BUJIE DONGLI

出 版 人	田俊林	
责任编辑	弭玲玲	
封面设计	胡大伟	
出版发行	济南出版社	
地 址	山东省济南市二环南路 1 号(250002)	
印 刷	山东省东营市新华印刷厂	
版 次	2022 年 12 月第 1 版	
印 次	2023 年 5 月第 1 次印刷	
成品尺寸	170 mm×240 mm 16 开	
印 张	11.75	
字 数	135 千	
定 价	59.00 元	

(济南版图书,如有印装错误,请与出版社联系调换。联系电话:0531 - 86131736)

总　序

辛向阳

　　从1921年成立到现在,中国共产党一路走来,筚路蓝缕,披荆斩棘,栉风沐雨,不断从胜利走向胜利,从一个辉煌走向另一个辉煌,已经走过了一百多年的历程。正如习近平总书记在庆祝中国共产党成立100周年大会上的讲话中所指出:"一百年来,中国共产党团结带领中国人民,以'为有牺牲多壮志,敢教日月换新天'的大无畏气概,书写了中华民族几千年历史上最恢宏的史诗。"一百多年前,党成立时只有50多名党员。今天,党已经成为拥有近一亿名党员、领导着14亿多人口大国、具有重大全球影响力的世界第一大执政党。一百多年前,中华民族呈现在世界面前的是一派衰败凋零的景象。今天,中华民族向世界展现的是一派欣欣向荣、朝气蓬勃的气象,正以不可阻挡的步伐迈向伟大复兴。这一百多年,有英勇顽强的奋斗,有艰难曲折的探索,有波澜壮阔的历程,也有动人心魄的故事,党历经淬炼,成就斐然。党自成立以来,始终把"为中国人民谋幸福、为中华民族谋复兴"作为自己的初心使命,以"为人类谋进步、为世界谋大同"彰显自己的天下情怀,始终坚持共产主义理想和社会主义信念,团结带领全国各族人民为争取民族独立、人民解放和实现国家富强、人民幸福以及强国建设、民族复兴而不懈奋斗,领导党和国家事业取得了历史性成就、实现了历史性变革、积累了历史性经验。

总结党的奋斗历程中的历史经验,既是党的优良传统,也是党的独特优势。过去一百多年,中国共产党向人民、向历史交出了一份优异的答卷。现在,中国共产党团结带领中国人民又踏上了实现第二个百年奋斗目标新的赶考之路,这就更加需要我们深刻总结党长期奋斗的历史经验。我们党历来高度重视总结历史经验。早在延安时期,毛泽东同志强调:"如果不把党的历史搞清楚,不把党在历史上所走的路搞清楚,便不能把事情办得更好。"进入改革开放和社会主义现代化建设新时期,邓小平同志指出:"历史上成功的经验是宝贵财富,错误的经验、失败的经验也是宝贵财富。这样来制定方针政策,就能统一全党思想,达到新的团结。这样的基础是最可靠的。"中国特色社会主义进入新时代,习近平总书记强调指出:"历史是最好的教科书","历史是一面镜子","对我们共产党人来说,中国革命历史是最好的营养剂。多重温我们党领导人民进行革命的伟大历史,心中就会增加很多正能量"。习近平总书记还强调:"中国历史是中国人民、中华民族坚持不懈的创业史和发展史。其中既有升平之世社会发展进步的丰富经验,也有衰乱之世的深刻教训以及由乱到治的经验智慧;既有当事者对时势的分析陈述,也有后人对前人得失的评论总结。可以说,在中国的史籍书林之中,蕴涵着十分丰富的治国理政的历史经验","我们学习历史,要结合我们正在干的事业和正在做的事情,善于借鉴历史上治理国家和社会的各种有益经验"。

在党的一百多年历史上,1945 年 4 月党的六届七中全会通过《关于若干历史问题的决议》,1981 年 6 月党的十一届六中全会通过《关于建国以来党的若干历史问题的决议》,2021 年 11 月党的十九届六中全会通过《中共中央关于党的百年奋斗重大成就和历史经验的决议》。这三个历史决议虽然诞生的历史背景、形成的现实条件和阐述的具体内容有所不同,但都以实事求是的原则总结了党的重大历史事件和重要经验教训,在重大历史关头统一了全党思想和行动,对推进党和人民事业发挥了重要引领作用。这三个历史决议贯通历史、现实和未来,深刻阐述了党团结带领人民争取民族独立、人民解放和实现国家富强、人民幸福以及开展强国建设、民族复兴的光辉历程,系统总结了党领导人民进行革命、建设、改革的历史经验,科学揭示了一百多年来中国共产党人对共产党执政规律、社会主义建设规律和人类社会发展规律的深刻认识。深入研究第三个历史决议,有助于我们牢牢掌握党和人民事业发展的历史主动,以党的重大成就和历史经验鼓舞斗志、凝聚力量、踔厉奋发、勇毅前行,以咬定青山不放松的执着、以一往无前的奋斗姿态接续夺取全面建设社会主义现代化强国的新胜利。

在党领导中国人民胜利实现第一个百年奋斗目标全面建成小康社会,踏上实现第二个百年奋斗目标新征程的重大历史关头,全面总结党的百年奋斗重大成就和历史经验,对推动全党进一步统一思想、统一意志、统一行动,团结带领全国各族人民夺取新时代中国特色社会主义新的伟大胜利,具有重大现实意义和深远历史意义。党的十九届六中全会通过的《中共中央关于党的百年奋斗重大成就和历史经验的决议》,是在建党百年历史条件下开启全面建设社会主义现代化国家新征程、在新时代坚持和发展中国特色社会主义的现实需要;是增强政治意识、大局意识、核心意识、看齐意识,坚定道路自信、理论自信、制度自信、文化自信,做到坚决维护习近平同志党中央的核心、全党的核心地位,坚决维护党中央权威和集中统一领导,确保全党步调一致向前进的政治需要;是推进党的自我革命、提高全党斗争本领和应对风险挑战能力、永葆党的生机活力、团结带领全国各族人民以中国式现代化全面推进中华民族伟大复兴而奋斗的时代需要。

回首党的一百多年的历程,正是在党的坚强领导下,中华民族才迎来了从站起来、富起来到强起来的伟大历史飞跃。党的十九届六中全会通过的《中共中央关于党的百年奋斗重大成就和历史经验的决议》,概括出来的具有根本性和长远性意义的十大历史经验,即坚持党的领导、坚持人民至上、坚持理论创新、坚持独立自主、坚持中国道路、坚持胸怀天下、坚持开拓创新、坚持敢于斗争、坚持统一战线、坚持自我革命,则充分反映了习近平总书记在党的二十大报告中所指出的:"实践告诉我们,中国共产党为什么能,中国特色社会主义为什么好,归根到底是马克思主义行,是中国化时代化的马克思主义行。"中国共产党历经一百多年,恰似风华正茂,仍然具有旺盛的生命力。世界充满好奇,时代充满追问。答案只有一个——坚定不移地坚持中国共产党的坚强领导。"党的百年奋斗历史经验丛书"正是立足于此,从基本史实、基本事实出发,全面阐释党的百年奋斗的十大历史经验,从政治、理论和思想等方面全面做出了回答。

加强对党的百年历史经验的研究,就是要深入研究党领导人民进行革命、建设、改革的一百多年的历史进程,全面总结党从胜利走向胜利的光辉历程,为国家、民族和人民建立的不朽功勋;深入研究党坚持把马克思主义基本原理同中国具体实际相结合、同中华优秀传统文化相结合,不断推进马克思主义中国化的一百多年的历史进程,全面深化对新时代党的创新理论的理解和运用;深入研究党不断增强党的团结、维护党中央权威和集中统一领导的一百多年的历史进程,深刻领悟加强党的政治建设这个马克思主义政党的鲜明特征和政治优势;深入研究党为"中国人民谋幸福、为中华民族谋复兴、为人类谋进步、为世界谋大同"的一百多年的历史进程,深刻认识党同人民生死相依、休戚与共的血肉联系,依靠人民创造历史伟业、创造历史伟业为了人民的阶级立场和推动世界社会主义运动发展、胸怀天下造福全人类的世界情怀;深入研究党加强自身建设、推进自我革命的一百多年历程,增强全面从严治党永远在路上的坚定和执着,确保党在新时代坚持和发展中国特色社会主义的历史进程中始终成为坚强领导核心;深入研究历史发展规律和大势,始终掌握新时代新征程党和国家事业发展的历史主动,增强锚定既定奋斗目标、意气风发走向未来的勇气和力量。

深入研究党的百年奋斗历程中形成的十大历史经验,要坚持科学的研究方法和原则要求。我们要坚持辩证唯物主义和历史唯物主义的方法论,用具体历史的、客观全面的、联系发展的观点来看待党的历史。要坚持正确党史观、树立大历史观,准确把握党的历史发展的主题主线、主流本质,正确对待党在前进道路上经历的失误和曲折,从成功中吸取经验,从失误中吸取教训,不断开辟走向胜利的新道路。要旗帜鲜明反对历史虚无主义,加强思想引导和理论辨析,澄清对党史上一些重大历史问题的模糊认识和片面理解,更好正本清源。尤其是,要坚持正确党史观和大历史观,立足于中华民族一百万年的人类史、一万年的文化史、五千多年的文明史,立足于五百余年的社会主义发展史、一百多年的中国共产党史、七十余年的中华人民共和国史、四十多年的改革开放史,从中华民族伟大复兴战略全局和世界百年未有之大变局出发,全面而准确地认清和把握新时代中国特色社会主义取得的历史性成就、发生的历史性变革。通过生动、深入、具体的纵横比较，把事实讲清楚，把道理讲明白，把理论讲透彻。

党的十九届六中全会通过的《中共中央关于党的百年奋斗重大成就和历史经验的决议》所总结的十条历史经验，是我们党百年奋斗中用鲜血和汗水凝练出来的理论结晶，既不是从哪本经典教科书上抄来的，也不是从哪个国家照搬来的，更不是在头脑中主观臆想出来的，而是系统完整、相互贯通的有机整体，揭示了党和人民事业不断成功的根本保证，揭示了党始终立于不败之地的力量源泉，揭示了党始终掌握历史主动的根本原因，揭示了党永葆先进性和纯洁性、始终走在时代前列的根本途径。这一历史决议深刻揭示了过去我们为什么能够成功、未来我们怎样才能继续成功，深刻阐述了中国共产党为什么能、中国特色社会主义为什么好、马克思主义以及中国化时代化的马克思主义为什么行，并进一步深刻回答了新时代坚持和发展什么样的中国特色社会主义、怎样坚持和发展中国特色社会主义，建设什么样的社会主义现代化强国、怎样建设社会主义现代化强国，建设什么样的长期执政的马克思主义政党、怎样建设长期执政的马克思主义政党等重大时代课题，是一篇闪耀着马克思主义真理光辉的纲领性文献，是新时代中国共产党人牢记初心使命、坚持和发展中国特色社会主义的政治宣言，是党领导广大人民以史为鉴、开创未来，全面建设社会主义现代化国家、全面推进中华民族伟大复兴的行动指南。

通过该丛书，我们可以清晰地看清楚过去我们党为什么能够成功、今天我们党如何成功，同时弄明白未来我们党怎样才能够继续成功，从而更加坚定、更加自觉地牢记初心、不忘使命，以更加宏大的气魄诠释胸怀天下。同时，在新时代更好坚持和发展中国特色社会主义，要不断坚持唯物史观和大历史观,以更加昂扬的姿态奋进新时代,逐梦新征程,踔厉奋发、勇毅前行、团结奋斗,全面建设社会主义现代化强国、全面推进中华民族伟大复兴。

全面建设社会主义现代化强国、全面推进中华民族伟大复兴,已进入了不可逆转的历史进程,我们比历史上任何时期都更接近、更有信心和能力实现这个目标。作为哲学社会科学工作者,我们要按照立足中国、借鉴国外,挖掘历史、把握当代,关怀人类、面向未来的思路,强化基础研究前瞻性、战略性、系统性布局,不断推进知识创新、理论创新、方法创新,以原创性、标识性的概念、话语、范畴、范式等深刻阐述党的百年奋斗历史经验生成的内在逻辑、内在机理。加快构建中国特色哲学社会科学学科体系、学术体系、话语体系,坚持用马克思主义及其中国化时代化的最新成果——习近平新时代中国特色社会主义思想观察时代、解读时代、引领时代,用鲜活丰富的当代中国实践来推动马克思主义发展,用宽广视野吸收人类创造的一切优秀文明成果,坚持在改革中守正出新、不断完善自己,在开放中博采众长、不断超越自己,不断深化对共产党执政规律、社会主义建设规律、人类社会发展规律的新认识,不断开辟马克思主义中国化时代化新境界!

目　录

第一章　坚持开拓创新　铸就百年伟业／1

　　第一节　理论开拓创新的历程／3

　　第二节　实践开拓创新的历程／11

　　第三节　制度开拓创新的历程／16

　　第四节　文化开拓创新的历程／26

第二章　理论开拓创新／29

　　第一节　理论开拓创新必须实事求是／32

　　第二节　理论开拓创新需要充分辨明／37

　　第三节　好理论首先是符合国情的理论／42

第三章　实践开拓创新／65

　　第一节　实践开拓创新需要勇气和智慧／68

　　第二节　实践开拓创新需要勇闯新领域／82

　　第三节　实践开拓创新要以人民为中心／93

第四章　制度开拓创新 / 109

　　第一节　务实管用的制度才是好制度 / 111

　　第二节　好制度永远处在改革进行时 / 122

　　第三节　制度创新关键在落实 / 138

第五章　文化开拓创新 / 143

　　第一节　根植本土是文化开拓创新的基础 / 145

　　第二节　正确价值导向引领文化创新 / 152

　　第三节　讲好中国故事驱动文化外宣创新 / 165

第一章

坚持开拓创新　铸就百年伟业

开拓创新，是一个民族不断发展的灵魂，是一个国家持续繁荣的不竭动力。习近平总书记指出，"纵观人类发展历史，创新始终是推动一个国家、一个民族向前发展的重要力量，也是推动整个人类社会向前发展的重要力量"。党的十九届六中全会通过的《中共中央关于党的百年奋斗重大成就和历史经验的决议》指出，"坚持开拓创新"是百年大党奋斗积累的宝贵历史经验之一。一百多年来，中国共产党领导人民披荆斩棘、上下求索、奋力开拓、锐意进取，能够打破条条框框的限制，不断推进理论创新、实践创新、制度创新、文化创新以及其他各方面创新，根据实际情况不断创造独特的中国方案、中国智慧，敢为天下先，走出了前人没有走出的路，书写了一部开拓创新的史诗。

坚持开拓创新，是党的百年奋斗探索获得的一条宝贵历史经验，是党披荆斩棘、攻坚克难、永葆活力的动力源泉，对于党的过去、现在和未来都具有根本性和长远性指导意义。走自己的路是党百年奋斗得出的历史结论，开拓创新则是走自己的路必须具备的政治品格，是走出具有自身特色道路的开山锤、指南针、照明灯。

《中共中央关于党的百年奋斗重大成就和历史经验的决议》指出："党领导人民披荆斩棘、上下求索、奋力开拓、锐意进取，不断推进理论创新、实践创新、制度创新、文化创新以及其他各方面创新，敢为天下先，走出了前人没有走出的路。"[①] 习近平总书记在党的二十大报告中强调必须坚持守正创新："我们从事的是前无古人的伟大事业，守正才能不迷失方向、不犯颠覆性错误，创新才能把握时代、引领时代。"[②] 总体来看，理论创新、实践创新、制度创新、文化创新以及各方面创新是中国共产党开拓创新的基本逻辑向度。深入学习贯彻党的十九届六中全会精神，长期坚持、不断丰富坚持开拓创新的历史经验，是在实现第二个百年奋斗目标的伟大征程中努力创造更加辉煌业绩的重要要求。

第一节　理论开拓创新的历程

习近平总书记在党史学习教育动员大会上指出："我们党的历史，

---

① 习近平：《中共中央关于党的百年奋斗重大成就和历史经验的决议》，《人民日报》2021 年 11 月 17 日。
② 习近平：《高举中国特色社会主义伟大旗帜　为全面建设社会主义现代化国家而团结奋斗——在中国共产党第二十次全国代表大会上的报告》，《人民日报》2022 年 10 月 26 日。

就是一部不断推进马克思主义中国化的历史，就是一部不断推进理论创新、进行理论创造的历史。"① 百年大党铸就百年辉煌，中国共产党之所以取得举世瞩目的成就，一个重要的原因就在于坚持理论创新。中国共产党作为马克思主义执政党，在推进马克思主义中国化的进程中，始终坚持党的事业发展的每一步都有理论创新；在我国革命、建设、改革的探索历程中，都有与时俱进的马克思主义理论的指导，指导我们在旧世界中开辟新世界、在动荡变局中开创新局面。

一、 新民主主义革命时期的理论创新

中国共产党自成立起，就将为中国人民谋幸福、为中华民族谋复兴作为自己的初心和使命，而我们党的理论创新正是源于党对初心的坚守和使命的召唤。1840 年鸦片战争后，在帝国主义的入侵下，中国逐渐成为半殖民地半封建社会，面对严重的生存危机，无数仁人志士开始在黑暗中苦苦摸索前行。十月革命一声炮响，使中国先进分子在"山重水复"之际迎来了"柳暗花明"。马克思列宁主义，这一伟大理论以其先进性、科学性和革命性引领着中国先进分子开辟新航向，中国人从此在精神上由被动转为主动。

所谓党的理论创新，就是将马克思主义基本原理与中国具体实际相结合从而产生新的理论成果，即推进马克思主义中国化。1938 年，在中共六届六中全会的政治报告《论新阶段》中，毛泽东提出了"马克思主义中国化"这一科学命题，并且对马克思主义与中国实际

---

① 习近平：《在党史学习教育动员大会上的讲话》，人民出版社 2021 年版，第 12 页。

相结合的思想原则作出了深刻论述。当时，首先需要解决的就是新民主主义理论这栋大厦的地基问题——中国社会的性质问题。对此，毛泽东在《中国革命和中国共产党》一文中作出了明确解释，指出："中国现时的社会，是一个殖民地、半殖民地、半封建性质的社会。"① 这是从历史和现实两个层面对中国社会性质的科学概括。1927年大革命失败后，共产党人和革命群众遭到迫害，共产党人认识到只有进行武装才能取得革命的胜利，提出"枪杆子里出政权"，用南昌起义打响了武装反抗国民党反动派的第一枪。面对特殊的国情，中国革命究竟应该以城市为中心，还是以农村为中心？这是中国共产党人在武装斗争中遇到的一个突出问题，《中国的红色政权为什么能够存在?》《井冈山的斗争》《星星之火，可以燎原》等著作从理论上初步阐明了中国革命必须实行"工农武装割据"，走农村包围城市、武装夺取政权的道路。事实证明，这条道路是符合中国国情的，是完全正确的。面对党内长期存在的两种错误观念，《实践论》《矛盾论》用马克思主义认识论的观点，对其进行了深刻批判，同时也奠定了毛泽东思想的哲学基础。实践证明，历史和人民选择马克思主义是完全正确的，中国共产党把马克思主义写在自己的旗帜上是完全正确的。

二、 社会主义建设时期的理论创新

实践没有止境，党的理论创新也没有止境。新中国成立后，在探索社会主义建设和改革的道路上，理论创新仍需继续向前推进。新中

① 《毛泽东选集》第二卷，人民出版社1991年版，第633页。

国成立初期，百废待兴，如何引导中国向社会主义过渡，这是摆在全党面前的一个重大课题。相较于苏联的一举过渡模式，我国的社会主义过渡是瓜熟蒂落、水到渠成的。中国共产党人从我国的实际出发，开创了对农业、手工业和资本主义工商业进行社会主义改造及实现国家工业化的新道路。这条过渡时期的总路线成功指引了我国稳步过渡到社会主义。1956 年底，随着"三大改造"的完成，我国正式进入社会主义社会。毛泽东指出："现在，我们已经进入社会主义时代，出现了一系列的新问题，如果单有《实践论》、《矛盾论》，不适应新的需要，写出新的著作，形成新的理论，也是不行的。"① 1956 年毛泽东发表《论十大关系》，通过对苏联模式的反思和对我国社会主义建设的经验总结，开始探索中国经济建设中遇到的实际问题，并且明确了"调动一切积极因素为社会主义事业服务"的方针。

"三大改造"完成后，毛泽东又进一步分析了社会主义社会的主要矛盾。根据当时的具体情况，党的八大对社会主要矛盾作出了正确的判断："国内的主要矛盾，已经是人民对于建立先进的工业国的要求同落后的农业国的现实之间的矛盾，已经是人民对于经济文化迅速发展的需要同当前经济文化不能满足人民需要的状况之间的矛盾。"② 这个重大判断明确了党和全国人民在新形势下的主要任务，对建设社会主义的探索起到了重要作用。1957 年毛泽东发表《关于正确处理人民内部矛盾的问题》，文中正确区分了两类不同性质的矛盾，并创造性地提出了正确处理人民内部矛盾的各种制度、公式和方针。这些都是毛泽东思想在新中国成立后的发展。正是这些在探求符合中国国

①《毛泽东文集》第八卷，人民出版社 1999 年版，第 109 页。
②《中国共产党 90 年研究文集》（下），中央文献出版社 2011 年版，第 1688 页。

情的社会主义建设道路过程中形成的一系列重要理论成果，不断地创新和丰富了马克思主义理论体系。

三、 改革开放新时期的理论创新

任何一种理论都需要不断发展，如果停滞不前，就会丧失生命力。发展就意味着需要通过一系列的创新来不断丰富和完善它，使之更好地适应不断变化发展了的实践要求。进入改革开放和社会主义现代化建设新时期，邓小平以巨大的政治勇气进行了理论创新，开拓了马克思主义理论的新境界，把对社会主义的认识提高到了新的科学水平。他指出："世界形势日新月异，特别是现代科学技术发展很快。现在的一年抵得上过去古老社会几十年、上百年甚至更长的时间。不以新的思想、观点去继承、发展马克思主义，不是真正的马克思主义者。"①

面对世界局势，邓小平以马克思主义的宽广视野观察世界，对当今世界的时代特征和总体国际形势作出了科学判断，明确指出和平与发展是当今世界的主题；面对党内"两个凡是"带来的思想禁锢，他与其他老一辈革命家一起领导和推动了一场思想场思想界的真理标准问题的大讨论，确认了"实践是检验真理的唯一标准"的科学论断，使得实事求是的思想路线得以重新确立，促进了全党思想的大解放；改革开放起步阶段，他总结过去革命建设的历史经验，指出"过去搞民主革命，要适合中国情况，走毛泽东同志开辟的农村包围城市的道

---

① 《邓小平文选》第三卷，人民出版社 1993 年版，第 291—292 页。

路。现在搞建设，也要适合中国情况，走出一条中国式的现代化道路"①，从现代化建设的角度提出了"中国式道路"的命题；当"姓资姓社"的诘难阻碍社会主义市场经济前进的步伐时，他当机立断指出"社会主义首先要发展生产力"，并在视察武昌、深圳、珠海、上海等地发表重要谈话时指出，"计划多一点还是市场多一点，不是社会主义与资本主义的本质区别。计划经济不等于社会主义，资本主义也有计划；市场经济不等于资本主义，社会主义也有市场。计划和市场都是经济手段"②，与此同时也明确了社会主义的本质，即解放生产力，发展生产力，消灭剥削，消除两极分化，最终达到共同富裕，这样就廓清了在"什么是社会主义、怎样建设社会主义"问题上的模糊认识和错误观点，把对社会主义的认识提高到新的水平。以邓小平同志为主要代表的中国共产党人通过继承和吸收社会主义建设的历史经验，总结改革开放和社会主义现代化建设新的实践经验，带领我们走出了一条社会主义建设的新路，并形成了建设有中国特色的社会主义理论。

"马克思主义具有强大生命力的奥秘，就在于它具有与时俱进的理论品质。"③党的十三届四中全会以后，以江泽民同志为主要代表的中国共产党人，在建设中国特色社会主义的伟大实践中，加深了对什么是社会主义、怎样建设社会主义和建设什么样的党、怎样建设党的认识，在科学判断党的历史方位的基础上，形成了"三个代表"重要思想。在"三个代表"重要思想的指引下，中国共产党确立了社会主

---

① 《邓小平文选》第二卷，人民出版社 1994 年版，第 163 页。
② 《学习邓小平同志南巡重要谈话》，人民出版社 1992 年版，第 173 页。
③ 《江泽民文选》第三卷，人民出版社 2006 年版，第 87 页。

义市场经济体制的改革目标和基本框架，推进了党的建设这一新的伟大工程，成功把中国特色社会主义推向了 21 世纪。"马克思主义只有同本国国情和时代特征紧密结合，在实践中不断丰富和发展，才能更好发挥指导实践的作用。"① 党的十六大以后，以胡锦涛同志为代表的中国共产党人在探索回答"实现什么样的发展、怎样发展"重大问题的过程中，形成了科学发展观。在科学发展观的指引下，中国共产党坚持走科学发展道路，开始形成建设中国特色社会主义总体布局，着力推进党的执政能力建设和先进性建设，成功在新世纪新阶段坚持和发展了中国特色社会主义。

四、 新时代党的理论创新

当今世界正经历百年未有之大变局，21 世纪的中国也进入百年未有之大变局加速深化期。今天，时代的变化、我国发展的广度和深度远远超出了先辈们当时的想象。同时，我国仍处在社会主义初级阶段，在前进的道路上遇到的新情况新问题仍很多，这就需要我们在实践上大胆探索、在理论上不断创新。习近平总书记指出："理论的生命力在于不断创新，推动马克思主义不断发展是中国共产党人的神圣职责。"②

党的十八大以来，以习近平同志为主要代表的中国共产党人，始终坚持马克思主义的领导地位，把马克思主义基本原理同新时代中国具体实际结合起来，在实践的基础上推进马克思主义的理论创新。在

---

① 胡锦涛：《在纪念党的十一届三中全会召开 30 周年大会上的讲话》，人民出版社 2008 年版，第 14 页。
② 习近平：《在纪念马克思诞辰 200 周年大会上的讲话》，人民出版社 2018 年版，第 27 页。

新时代，以习近平同志为核心的党中央在探索"新时代坚持和发展什么样的中国特色社会主义、怎样坚持和发展中国特色社会主义"的时代课题，统筹推进"五位一体"总体布局、协调推进"四个全面"战略布局的过程中，将马克思主义理论与新时代中国的具体实践相结合，创立了习近平新时代中国特色社会主义思想，这是马克思主义中国化的最新成果，是当代中国的马克思主义。党的十九大根据新时代中国特色社会主义建设的规律和实际，对我国社会基本矛盾作出了新的判断，这是运用马克思主义关于社会主要矛盾的观点紧密结合中国社会现实作出的理论创新。着眼国内国际两个大局，我们党创造性地提出推动构建人类命运共同体的重要理念，深化了对人类社会发展规律的认识，使马克思主义理论在新时代的历史背景下得到继承和创新。新发展理念、新发展阶段、新发展格局是中国共产党在新征程上对马克思主义的重要理论创新的主要体现。新发展阶段明确了我国发展的历史方位，新发展理念为把握新发展阶段、构建新发展格局提供了行动指南，构建新发展格局则是应对新发展阶段机遇和挑战、贯彻新发展理念的战略选择，三者相互联系又相互交融，共同推动社会主义现代化不断向前推进。

一百多年来，我们党带领全国十几亿人民进行的广泛而深刻的社会实践，为我们累积起了越来越深厚的实践基础。在这个基础上，中国特色社会主义建设进入新时代，获得了新的蓬勃生机和旺盛活力。在新征程中，中国共产党人将接续奋斗、砥砺前行，以宽广视野吸收人类创造的一切优秀文明成果，用鲜活丰富的当代中国实践来推动马克思主义发展，以创新实践不断丰富创新理论、开辟新篇章。

第二节 实践开拓创新的历程

中国共产党作为一个拥有百年历史的政党，自成立起就肩负着实现中华民族伟大复兴的历史重任。纵观百年征程，中国共产党的每一步都是在实践探索中得到验证，秉持着"停滞不前就是落后"的原则，历经艰辛，把握规律，抓准机遇，实现突破。同时，坚持推进实践创新，是中国共产党身为一支以马克思主义为指导的组织队伍从未停止探索的课题。

十月革命的炮声为近代以来一直苦寻救国良方的中国先进分子送来了马克思列宁主义。伴随着马克思主义与中国工人运动的不断结合，1921年中国共产党应运而生。面对大革命和秋收起义的失败，以毛泽东同志为主要代表的中国共产党人从敌我力量和社会构成出发，意识到帝国主义和封建势力的顽固与特殊国情下工农力量的强大，从而毅然改变"苏联模式"，重新审视中国的革命方向，创造性地开辟了一条农村包围城市、武装夺取政权的中国革命新道路。在新道路的指引下，中国共产党带领人民历经28年的浴血奋战，最终取得了新民主主义革命的胜利，建立了人民当家作主的新中国。

新中国的成立开启了中国社会主义革命和建设的新篇章。在新中国成立初期，中国共产党带领人民肃清了国民党反动派在大陆的残余武装力量和土匪，建立了各级人民政府，和平解放了西藏，稳定了社会秩序。经过不懈努力，1953年国家在工业领域开始实行第一个五年计划，正式向新中国工业化迈出坚实的第一步。与此同时，社会主义改造也在顺利进行。到1956年底，我国基本完成了对农业、手工业和资本主义工商业的社会主义改造，社会主义经济制度、政治制度在中国得以确立，实现了中华民族历史上生产关系的彻底变革，成功地迈进社会主义社会，同时也扫除了一切阻碍中国进步发展的因素，为开展大规模的社会主义建设积累了宝贵的经验。社会主义制度确立之后，党又领导人民进行了伟大的社会主义建设，经过20多年的艰辛探索，我国建立起一套比较完整的工业体系和国民经济体系，创造性地走出了一条制度转型与发展同步的道路，各方面事业都取得很大进步与发展。在教育方面，针对地域教育发展状况和人才技术需求，优化了高等教育资源布局；在工业领域，从全局出发，向中西部引进人才，改变我国工业发展不均衡的现象；在农业方面，加强水利建设，修坝建堤，建设大型水利工程，为新中国粮食增产提供了保障。中国用社会主义建设和改革30年的时间，恢复和发展了国民经济，实现了政治、经济、社会的基本稳定，奠定了中国特色社会主义的良好基础。

党的十一届三中全会后，以邓小平同志为主要代表的中国共产党人，开始进行了前所未有的思想大解放，冲破了"两个凡是"的思想束缚，摒弃了"以阶级斗争为纲"的路线，重新确立了解放思想、实事求是的思想路线，端正了党的指导思想，全面实现了思想路线、政治路线、组织路线的拨乱反正。同时把党和国家的工作重心转移到经济建设上来，在农村实行创新性改革，推广农村生产责任制，然后将改革继续转向城市，实行承包、租赁、股份、资产经营责任制，以不同的切入点推进城市经济体制改革，逐渐形成以公有制为主体、多种经济成分并存、充满活力的经济发展格局。领导人民开办经济特区、实行全面开放的伟大决策，合乎时代潮流，顺应人民意愿，初步回答了"什么是社会主义、怎样建设社会主义"的问题，开辟出一条中国式的社会主义建设的独特道路，即中国特色社会主义道路。中国人民在中国特色社会主义道路的指引下，取得了社会主义现代化建设的伟大成就，翻开了中国特色社会主义建设崭新的一页，大踏步赶上了新时代。

党的十三届四中全会后，以江泽民同志为主要代表的中国共产党人，面对国内外纷繁复杂的形势，在世界社会主义出现严重曲折的严峻考验面前，在推进中国特色社会主义的过程中，团结带领全党全国各族人民坚持党的基本理论和基本路线不动摇，依据新的实践要求确立党的基本纲领，确立了社会主义市场经济体制的改革目标和基本框架，确立了社会主义初级阶段的基本经济制度和分配制度。在推进东部再创新优势的同时，国家开始加快开发西部地区，促进工业经济快速发展，实现了由初级工业经济向高级工业经济的转变，经济规模和经济总量不断扩大，基本结束了国内市场短缺的状况。2001 年，中国加入世界贸易组织，深度融入世界经济体系和经济全球化的浪潮之中。在这一时期，提出依法治国基本方略，推进党的建设新的伟大工程，加深了对什么是社会主义、怎样建设社会主义和建设什么样的党、怎样建设党的认识，形成"三个代表"重要思想，开创了全面改革开放和中国特色社会主义建设的新局面，成功把中国特色社会主义推向 21 世纪。

党的十六大后，以胡锦涛同志为主要代表的中国共产党人，紧紧抓住和用好重要战略机遇，团结带领全党全国各族人民坚持以人为本，继续推进西部大开发，提出中部崛起战略，迅速推进天津滨海新区建设、成渝城乡统筹综合配套改革，实现从中国西部、东北、中部到滨海新区、成渝的大发展，统筹实现全国的全面协调可持续发展。同时，提出构建社会主义和谐社会，加快生态文明建设，着力保障和改善民生的理念，免除国家农业税和农村义务教育学杂费，对种粮农民进行直补，建立农村低保制度和新型合作医疗制度，有效地促进社会公平正义，推动建设和谐世界。加强党的执政能力建设和先进性建设，结合时代需求，深刻认识和回答了新形势下实现什么样的发展、怎样发展等重大问题，形成科学发展观，促使我国经济社会发展取得了显著成就，一跃发展成为世界第二大经济体。在全面建设小康社会的伟大实践中，成功坚持和发展了中国特色社会主义。

党的十八大以来，中国特色社会主义进入了新时代，以习近平同志为核心的党中央团结带领中国人民在新发展阶段的历史起点上以更高境界、更大格局、更宽视野，抓准定位，精准施策，中国实现了深层次、根本性的历史性变革，取得了历史性突破。面对经济社会发展的新常态，习近平总书记提出了创新、协调、绿色、开放、共享的新发展理念，积极推进供给侧结构性改革，提高全要素生产率，加快完善社会主义经济体制，协调市场与政府在资源配置中的作用，促使数字经济等新兴产业蓬勃发展，加快推进基础设施建设。同时坚定不移走中国特色社会主义政治发展道路，坚持党的领导、人民当家作主、依法治国有机统一，政党协商更加规范有序，把党的领导贯彻落实到国家政治和社会生活的各个领域，在党内坚持"打虎拍蝇"不松弛，树立起反腐反贪的高墙，推进国家治理体系和治理能力现代化达到前所未有的新高度。中国特色社会主义法治体系建设实现新跨越，全民尊法、学法、守法、用法的能力和水平得到明显提升。在中国共产党成立百年之际，我国脱贫攻坚战取得了全面胜利，农业现代化稳步前进，城镇化水平明显提升，区域发展协调性增强，京津冀协同发展、长江经济带发展成效显著，全面建成小康社会的目标如期实现。港澳台工作迎来新进展，第十三届全国人大常委会通过的香港国安法，标志着在坚持一国两制前提下的祖国统一大业实现了大迈步。在大国外交方面，顺应全球化趋势，倡导全球治理观念，坚持为民原则，发挥政党外交优势，加强疫情防控国际合作，提出的"一带一路"倡议引来万邦响应，提出的人类命运共同体构想亦赢得四海掌声。全面深化改革深入发展，现代化建设取得了历史性成就。在治党治国治军、内政外交国防、改革发展稳定的生动实践中，中国共产党成功创造了新时代中国特色社会主义的伟大成就，推动着中华民族伟大复兴进入了不可逆转的历史进程，同时也为世界发展提供了中国方案，贡献了中国智慧。

中国共产党的百年步伐蕴藏着一代又一代中国共产党人的不断探索，他们回望老路，开创新路，把握新变化，实施新策略。从革命战争年代到当今的新时代，中国在经济、政治、文化、社会、生态方面都实现了巨大的发展，实现了人民从对物质的基本需求到对美好生活的向往需求，幸福感不断增强，社会万物和谐共生，正一步一步地实现美丽的中国梦。

第三节　制度开拓创新的历程

在中国共产党诞生、发展、成熟的过程中，中国经历了百年沧桑巨变。1956 年，社会主义制度建立。此后，社会主义制度也在历史潮流中不断开拓发展。这其中既蕴含着中国共产党的百年艰苦奋斗，也贯穿着中国几代人的不懈努力。这种巨变在改革开放的浪潮中焕发出了强大生命力，推动着国家向着更高目标不断前进。

一、　社会主义制度的建立

在多种社会模式的探索均以失败告终的情况下，社会主义制度成为历史和中国人民共同的选择。当人们发现只有社会主义才能救中国时，马克思主义在中国的传播已经具备了良好的思想基础。

中国共产党自成立以来，就把为人民谋幸福作为根本使命，把实现共产主义作为奋斗目标，致力于建立人民当家作主的新制度。

以毛泽东同志为代表的中国共产党人在深入研究中国革命特点和规律的基础上，创立了新民主主义革命理论。针对当时敌人异常强大、长期占据着中国中心城市的现实情况，提出了放弃城市中心论，走农村包围城市、武装夺取政权的中国特色革命道路，通过创建农村革命根据地点燃了工农武装割据的星星之火，并在对其建设和巩固中进行了大胆探索。土地革命战争时期，党为加强政权建设，创建了由中国共产党人独立领导的第一个国家政体——中华苏维埃共和国。在抗日战争时期，为孤立顽固势力、发展进步势力、争取中间势力，建立和巩固了抗日民族统一战线，提出了"三三制"，对团结抗日、推动全国的民主化、反对蒋介石的一党专政起到了积极作用。为反对在中国建立资产阶级共和国，毛泽东还提出了由新民主主义发展到社会主义的观点，先后发表了《新民主主义论》《论联合政府》《论人民民主专政》等著作，创造性地提出了建立新民主主义国家的制度。这些探索与实践，都为新中国国家制度的构建作了理论和实践准备。

毛泽东思想是马克思主义中国化的重要成就。在它的指引下，在无数共产党先烈的带领下，经过28年的浴血奋战，中国实现了民族独立、人民解放，也彻底结束了广大劳动人民被剥削被压迫的历史，彻底废除了列强强加给中国的不平等条约和帝国主义在中国的一切特权，赢得了新民主主义革命的胜利，实现了从封建专制制度到人民民主制度的伟大飞跃。

新民主主义革命胜利后，中国共产党在充分吸收借鉴苏联经验的基础上，结合革命根据地政权建设的经验，致力于开辟一条中国特有的制度建设道路。在1949年9月召开的中国人民政治协商会议第一届全体会议上，经过多方协商，通过了《中国人民政治协商会议共同纲领》，确立了中国共产党领导的以工农联盟为基础的人民民主专政的国体，确立了以民主集中制为原则、以人民代表大会制度为组织形式的政体，确立了中国共产党领导的多党合作和政治协商制度，确立了在统一的多民族国家内实行民族区域自治制度，为人民当家作主提供了制度保证，奠定了新中国国家制度的基础。

新中国成立后，中国共产党着力推进社会主义建设，毛泽东同志带领中国人民进行了一系列具有中国特点的社会主义革命。1956 年，我国基本上完成了社会主义改造，社会主义制度在我国基本建立起来，实现了中国历史上最伟大最深刻的一次变革，为我国的一切进步和发展奠定了重要基础。

党的八大以后，基于对当时中国基本国情的准确判断，尽管因为没有经验可以照搬，社会主义建设事业出现了短暂的低谷、经历了一些曲折，但仍不可否认，我们在社会主义制度建设方面取得了重要进展。在工业方面，我国先后经历了国民经济恢复时期、社会主义工业化改造时期以及"一五"计划等时期，初步改变了新中国成立初期国家工业举步维艰、发展不平衡的落后面貌，在工业投资、工业布局、工业建设速度等方面都有了大大的改善，逐步建立起一整套完整的工业体系；在农业方面，在经过了社会主义农业的改造和社会主义的初步建设之后，我国的农业生产水平有了明显的提高，尤其是在全国范围内大力修建水利工程，改变了过去"靠天吃饭"的历史桎梏，我国的农业生产发展也相对地进入了一个科学化的生产阶段；在科教文化事业方面，我们党高度重视文化教育的作用，在全国范围大力推行"扫盲运动"，推行"简化字"，不断提高全国人民的知识文化水平，初步构建起完整的教育体系，使全国人民的文化面貌大大改观。这些成就对我国今后的社会主义现代化建设具有极为深远的历史意义。

二、 中国特色社会主义制度的建立和发展

改革开放以来，社会主义制度的自我完善和自我发展进入了新阶段。在马克思主义理论和毛泽东思想的正确指导下，中国共产党进一步将理论与实际结合起来，对原有制度进行完善和发展，开始创造性建设社会主义道路，全面推进经济、政治、文化、社会、生态文明等各领域体制机制紧密相连、相互协调。

以党的十一届三中全会为起点，中国特色社会主义制度的建设有反思、有改革、有创新，大致可以分为四个发展阶段。

从党的十一届三中全会到十四大是中国特色社会主义制度主体框架基本形成的时期。基于对新中国成立以来，尤其是对文化大革命惨痛教训的深刻反思，邓小平同志指出："不是说个人没有责任，而是说领导制度、组织制度问题更带有根本性、全局性、稳定性和长期性。"[①] 中国共产党提出了实现党和国家社会生活民主化、制度化、法制化的基本任务。

从党的十四大到十六大是中国特色社会主义制度整体性、系统化建设的时期，中国特色社会主义制度体系开始形成。党的十四大以来，中国的基本经济制度和民主政治制度基本走上正轨，根本制度、基本制度、具体制度三个层面有机贯通、相互联系并逐步增强，以宪法为核心的社会主义法律体系建设也取得了实质性进展。

从党的十六大到十八大是中国特色社会主义制度体系进一步完善和发展的时期。党的十六大以来，在"改革要从实际出发，整体推进，重点突破，循序渐进，注重制度建设和创新"[②] 思想的指导下，坚持以全面建设小康社会为奋斗目标，进一步加强体制建设，通过消除各制度之间的矛盾切实增强了操作性和执行性，为人民民主的实现创造了条件，推进了中华民族从站起来到富起来的伟大飞跃。

---

① 《三中全会以来重要文献选编》（上），中央文献出版社 2011 年版，第 454 页。
② 《十六大以来重要文献选编》（上），中央文献出版社 2011 年版，第 6 页。

党的十八大以来，中国特色社会主义进入新时代，中国特色社会主义制度建设也进入了一个新的历史发展阶段。党中央提出了"五位一体"总体布局，构建了经济、政治、文化、社会和生态文明五个方面整体发展和建设的新思路。同时，明确指出了全面深化改革的总目标是完善和发展中国特色社会主义制度、推进国家治理体系和治理能力现代化，在全面深化改革实践中积极推进党和国家制度建设及国家治理体系现代化。

制度是人们处理社会关系实践的产物，改革开放以来，我国已逐步形成了中国特色社会主义经济、政治、文化、社会、生态文明等方面的具体制度。党的十八大强调："构建系统完备、科学规范、运行有效的制度体系，使各方面制度更加成熟更加定型。"① 彰显出制度建设的突出位置。党的十八届三中全会提出"推进国家治理体系和治理能力现代化"的时代课题，同时明确了全面深化改革的总目标。随着党对制度建设的认识不断深化，逐步总结出中国特色社会主义制度的十三个显著优势和重点任务，将中国特色社会主义制度中的"四梁八柱"概括为根本制度、基本制度和重要制度，为新时代继续推进制度建设工作构建了基本框架。

（一）中国特色社会主义经济制度

经济制度的创新主要围绕建立什么样的所有制结构和什么样的经济体制展开。一是对所有制结构进行调整，突破了单一公有制的形式，允许非公有制经济的存在和发展；二是逐步改变高度集中的计划

—————————

① 胡锦涛：《坚定不移沿着中国特色社会主义道路前进　为全面建成小康社会而奋斗》，人民出版社2012年版，第18页。

经济体制，发挥市场作用。

党的十一届三中全会后，首先在农村实行家庭联产承包责任制，在企业落实承包经营责任制，使当时的社会生产力得到了解放和发展。党的十二届三中全会上，党中央作出了《中共中央关于经济体制改革的决定》，提出了"社会主义经济是在公有制基础上的有计划的商品经济"的论断。在邓小平同志"南方谈话"精神的指导下，党的十四大明确提出了建立社会主义市场经济体制的目标，并于1993年在党的十四届三中全会上作出了《中共中央关于建立社会主义市场经济体制若干问题的决定》，将社会主义市场经济作为中国特色社会主义经济制度的重要组成部分。20世纪末，我国初步建立起社会主义市场经济体制。为进一步完善社会主义市场经济体制，促进经济社会的全面发展，党的十六届三中全会通过了《中共中央关于完善社会主义市场经济体制若干问题的决定》。

通过一系列的改革与发展，我国最终确立了以公有制为主体、多种所有制经济共同发展的基本经济制度，形成了较为完善成熟的社会主义市场经济体制，形成了以按劳分配为主体、多种分配方式并存的社会主义分配制度。我们党的伟大创举之一，就是结合中国的社会主义条件发展市场经济。改革开放以来，我国之所以能够取得经济快速发展和社会长期稳定的两大奇迹，关键在于将社会主义的制度优势与市场经济的一般规律相结合，逐步确立了社会主义市场经济体制。党的十八届三中全会上对改革开放30多年的经济领域的制度变革作出了高度肯定，并对完善基本经济制度作出了全面部署。新征程上，要在中国特色社会主义的基本方向上不断推动改革创新，充分发挥市场在资源配置中的决定性作用，更好地发挥政府作用，探索出高效市场和有为政府相结合的现实路径，激发市场的创新创造活力，以中国式现代化全面推进中华民族伟大复兴，使社会主义市场经济体制向更高水平方向发展。

（二）中国特色社会主义政治制度

我国现代政治制度分为根本政治制度和基本政治制度。首先，人民代表大会制度作为我国的根本政治制度，相对于其他政治制度而言具有明显的优越性。我国确立了人民代表大会作为国家权力机关的地位，增加了全国人大常委会的立法职权，并采取直接选举、间接选举、等额选举和差额选举等多种方式，从法律上保证了公民选举的平等性原则。

其次，各项基本政治制度也在实践中不断发展。在与各民主党派的关系方面，我国实行中国共产党领导的多党合作和政治协商制度，党的十二大把"长期共存、互相监督、肝胆相照、荣辱与共"作为处理与各民主党派关系的基本方针。为充分反映和集中人民要求，切实保障工人阶级领导下的全体人民的利益，我国将中国人民政治协商会议和全国人民代表大会一起形成了"两会"制度。在基层民主制度方面，1982年《中华人民共和国宪法》规定了乡、镇政府为农村基层政权，取消了人民公社体制；规定了村民委员会是农村基层群众自治组织，不断使基层群众自治的规定具体化，以基层民主推动社会主义民主政治建设。在民族关系方面，实行民族区域自治制度，1984年《中华人民共和国民族区域自治法》的颁布，标志着我国民族区域自治制度走向了法制化的轨道。

再次，邓小平指出："我们的社会主义制度是有中国特色的社会主义制度，这个特色，很重要的一个内容就是对香港、澳门、台湾问题的处理，就是'一国两制'。"① 针对港澳台地区的特别情况，我国建立了特别行政区制度。1990 年《中华人民共和国香港特别行政区基本法》的颁布，实现了在一个国家制度体系中社会主义和资本主义两种形态共同存在的突破，"一国两制"构想也成功迈出了从政策到制度的关键一步。

党的十八大以来，以习近平同志为核心的党中央提出建立全过程人民民主，明确了我国社会主义民主的真谛。民主不是少数国家的专利，而是各国人民的权利，是全人类共同的价值追求。党和国家成功找到了一条符合中国实际的民主之路，社会主义民主政治日益制度化、规范化、程序化，中国特色社会主义政治制度优势得到全面发挥。

（三）中国特色社会主义文化制度

1978 年之后，文艺表演团体内部的体制改革拉开了我国文化体制改革的序幕。1979 年 10 月，邓小平代表党中央在中国文学艺术工作者第四次代表大会上祝词，为文化体制改革指明了方向。1980 年 2 月召开的全国文化局长会议明确提出："坚决地有步骤地改革文化事业体制，改革经营管理制度。"自党的十四大以来，文化体制改革逐步深入。在党的十五大上，"建设有中国特色社会主义的文化"有了纲领性表述；"文化产业"概念在党的十五届五中全会上被正式提出，明确了文化的事业属性和产业属性，承认了文化产业的地位和作用；

①《邓小平文选》第三卷，人民出版社 1993 年版，第 218 页。

党的十六大又明确区分了文化事业和文化产业的性质；党的十六届六中全会提出建设中国特色社会主义核心价值体系；2011 年，党通过了《中共中央关于深化文化体制改革　推动社会主义文化大发展大繁荣重大若干问题的决定》，提出要从建立文化强国和提高文化软实力的高度把握文化体制改革；党的十八大以来，中国社会的主要矛盾转变为人民日益增长的美好生活需要和不平衡不充分的发展之间的矛盾。美好生活需要内在地包含了保障人民基本文化权益，提高全民思想道德素质和科学文化素养的基本要求。要不断深化文化体制改革，解放和发展文化生产力。目前，中国的文化建设已经取得了历史性成就，初步建立起了现代文化市场体系和现代公共文化服务体系，建设社会主义文化强国迈出了坚实的一步。

经过 40 多年的改革与发展，我国逐渐形成了"以公有制为主体、多种所有制共同发展的文化产业格局和民族文化为主体、吸收外来有益文化的文化市场格局"。①

（四）中国特色社会主义社会制度

改革开放以来，在中国社会结构发生根本变化的同时，中国社会的利益格局也发生了改变，不同利益主体间的矛盾和冲突也日益凸显，社会体制改革作为一个单独的主题内容也被写进了党和政府的正式文件之中。

进入新世纪，在《中共中央关于构建社会主义和谐社会若干重大问题的决定》《中华人民共和国国民经济和社会发展第十二个五年规

---

① 《十六大以来重要文献选编》（中），中央文献出版社 2006 年版，第 1080 页。

划纲要》《中华人民共和国国民经济和社会发展第十三个五年规划纲要》的指导下，人民生活得到了切实保障，"幼有所育、学有所教、劳有所得、病有所医、老有所养、住有所居、弱有所扶"的社会事业不断取得新进展，全面加强和创新了社会治理，"共建、共治、共享"的社会治理格局基本形成。

当前，在全面建成小康社会的背景下，在《中华人民共和国国民经济和社会发展第十四个五年规划和2035年远景目标纲要》的指导下，我国正持续推进以保障和改善民生为重点的社会建设。

（五）中国特色社会主义生态文明制度

中国共产党高度重视生态文明建设和生态环境保护。1983年，我国将保护环境确定为基本国策，提出了"预防为主，防治结合""谁污染谁治理""强化环境管理"三大政策，为生态环境保护事业奠定了坚实基础。进入新世纪，党中央要求将"重经济增长、轻环境保护"转变为"保护环境和经济增长并重"，树立和落实好科学发展观，建设资源节约型、环境友好型社会。党的十八大以来，以习近平同志为核心的党中央将生态文明建设作为关系中华民族永续发展的根本大计，强调要"把生态文明建设放在突出地位，融入经济建设、政治建设、文化建设、社会建设各方面和全过程"①。随着生态文明建设地位的不断提高，生态环境保护事业在科学发展中不断创新，生态文明建设有了更多的制度支撑。党的十八届五中全会提出了"五大发展理念"，绿色发展也成为经济高质量发展的底色，被提上了日程。

―――――――――

① 胡锦涛：《坚定不移沿着中国特色社会主义道路前进　为全面建成小康社会而奋斗》，人民出版社2012年版，第39页。

社会主义制度在中国的建立，不是一种固定不变的模式，相反，它必然在实践中得到创新和发展。中国社会主义制度创新的历程，其实就是马克思主义与中国具体实际相结合的历程，是社会主义制度在中国确立、探索的历程，更是中国特色社会主义制度建立和发展的历程。

第四节　文化开拓创新的历程

中国共产党既是中国先进文化的积极引领者和践行者，又是中华优秀传统文化忠实的传承者和弘扬者。在四个伟大历史时期，中国共产党始终坚持以马克思主义为指导，创新发展中华优秀传统文化，不断开辟社会主义文化发展的新境界。

新民主主义革命时期，以毛泽东为主要代表的中国共产党人在领导中国革命的实践中，用具有民族风格的语言推进马克思主义与中国革命实际相结合，创造性地提出了"枪杆子里出政权""星星之火，可以燎原"等具有中国特色的理论成果。在这些理论的指导之下，经过28年的浴血奋战，中国共产党领导广大人民取得了新民主主义革命的胜利，创立了"民族的、科学的、大众的"新民主主义文化，开创了马克思主义与中华文化结合的民族文化新局面。

社会主义革命和建设时期，党确立了马克思主义在意识形态领域的指导地位，社会主义文化建设迎来了蓬勃发展的春天。在实现马克思主义与中国实际的"第二次结合"的伟大构想下，毛泽东积极探索适合中国特点的社会主义文化建设道路。从"百花齐放，推陈出新"

到"百家争鸣"再到"百花齐放，百家争鸣"的完整提出，体现了毛泽东对"从孔夫子到孙中山……这一份珍贵的遗产"① 的坚守和对社会主义文化建设的认识循序渐进的发展历程。同时，毛泽东坚持"双百"方针和"二为"方向的统一，将二者统一于新中国社会主义文化建设和治国理政的全过程。自此，"双百"方针成为我国科学文化建设、意识形态建设中必须长期坚持的重要遵循，实现了新民主主义文化向社会主义文化的转型。

改革开放和社会主义建设新时期，我们党贯彻文化创新理念，推进文化体制改革，建立了现代文化治理体系与现代公共文化服务体系。从"一手抓物质文明，一手抓精神文明"到"始终代表中国先进文化的前进方向"再到"推进社会主义文化强国建设"，体现了我们党对社会主义文化建设和发展的一脉相承和与时俱进；从"小康社会"到"伟大民族精神"再到"社会主义和谐社会"，体现了中华优秀传统文化与现代化发展要求的结合，实现了中华文化的现代化转型。

中国特色社会主义进入新时代，以习近平同志为核心的党中央高度重视中华优秀传统文化的作用。他指出，"中华优秀传统文化是中华民族的突出优势，是我们在世界文化激荡中站稳脚跟的根基，必须结合新的时代条件传承和弘扬好"。② 在波澜壮阔的中国特色社会主义实践中，习近平总书记将"天下为公"的大同思想与共同理想相结合，创造性地提出了人类命运共同体理念，将"民为贵，社稷次之，君为轻"的民本思想与群众观相结合，始终坚持以人民为中心的发展

---

① 《毛泽东选集》第二卷，人民出版社 2006 年版，第 534 页。
② 习近平：《中共中央关于党的百年奋斗重大成就和历史经验的决议》，《人民日报》2021 年 11 月 17 日。

思想，体现了中国共产党高度的文化自信和历史自信。在实现中华民族伟大复兴的新征程上，建设具有强大凝聚力和引领力的社会主义意识形态，建设社会主义文化强国，就要坚持守正创新，实现对中华优秀传统文化的创造性转换和创新性发展，不断创新文化发展的新的内涵和表达形式，建构具有中国特色、中国风格、中国气派的话语体系，不断提高全国各族人民的文化自信心和文化认同感，提升全社会的凝聚力和向心力，实现中华优秀传统文化的引领和支撑作用。

纵观党的四个伟大历史时期，每一次取得文化层面的重大成就和重大历史性突破，都离不开中国共产党对中华优秀传统文化始终如一的坚守，都离不开中国共产党对中华优秀传统文化高度的文化自觉和文化自信，都离不开中国共产党对中华优秀传统文化的开拓创新。

第二章

理论开拓创新

　　坚持理论开拓创新，是中国共产党在百年历程中不断前进的思想动力。党每前进一步，都伴随着理论创新；理论创新的优秀成果，继续引领党的事业不断发展。党的百年历史，就是一部理论创新的成果发展史：毛泽东思想、邓小平理论、"三个代表"重要思想、科学发展观、习近平新时代中国特色社会主义思想。理论创新的优秀成果赋予了马克思主义新的时代内涵，为中国革命和建设事业提供了科学指导，更为中国特色社会主义事业指明了发展方向。

　　在人类思想史上，从来没有一种理论能像马克思主义那样产生如此广泛而深刻的影响。中国共产党之所以能取得辉煌成就，一个根本原因在于我们党始终注重和推进马克思主义理论守正创新，主要体现在以下三个方面。

　　一是始终坚持实事求是的理论创新原则，注重结合实际、立足国情，而不是简单照抄、生搬套用。在中国革命建设的具体实践中，党始终创造性地制定真正符合国情的新目标、新标准，探索务实有效的策略、方法，并转化为中国化的马克思主义新理论。

　　二是始终坚持直面问题，不回避、不敷衍，坚持把发展面临的主要问题和短板作为开拓创新的切入点，把人民群众最关心的民生问题作为开拓创新的发力处。正如习近平总书记在党的二十大报告中所强调："要增强问题意识，聚焦实践遇到的新问题、改革发展稳定存在的深层次问题、人民群众急难愁盼问题、国际变局中的重大问题、党的建设面临的突出问题，不断提出真正解决问题的新理念新思路新办法。"① 党始终坚持通过理性争辩去伪存真，探求真理，在新问题中发展新理论。

　　三是始终坚决反对教条主义、机会主义、经验主义，坚持解放思想，与时俱进。党始终在发展中把握马克思主义的规律性认识，在具体实践中创新运用并丰富发展马克思主义的思想方法。

　　更重要的是，党在理论开拓创新时，始终不忘本源，坚持马克思主义理论指导地位，始终以人民为中心的发展思想，始终以全新的理论视野为中国革命、建设和发展指明前进的方向和道路，并能结合具体国情不断赋予马克思主义新的时代内涵。

---

　　① 习近平：《高举中国特色社会主义伟大旗帜　为全面建设社会主义现代化国家而团结奋斗——在中国共产党第二十次全国代表大会上的报告》，《人民日报》2022 年 10 月 26 日。

第一节　理论开拓创新必须实事求是

坚持实事求是，一切从实际出发，是理论开拓创新的起点。马克思主义不仅着眼于在理论层面解释世界，更致力于在实践层面改造世界。要实现这种实践层面的成功改造，不能照搬他国的经验，不能依靠书本的教条，只能在中国具体实际中找寻答案。"实践没有止境，理论创新也没有止境。不断谱写马克思主义中国化时代化新篇章，是当代中国共产党人的庄严历史责任。继续推进实践基础上的理论创新。"① 中国共产党的理论创新之路，正是从这里开始的。

"本本"是什么？本本就是把书本、理论当教条，思想僵化，一切从定义、公式出发，不从此时此地客观存在的实际出发，反对具体问题具体分析，否认实践是检验真理的标准。1930 年，针对当时党内出现的生搬硬套马克思主义原理的情况，毛泽东写了《反对本本主义》一文。且鉴于革命战争年代大部分士兵文化水平不高，他将教条主义称为"本本主义"，其对立面就是重视调查研究、坚持实事求是、一切从实际出发。

思想观念唯新，是党和国家各项事业开拓进取的可靠保证。"苟日新，日日新，又日新"，是中华文化的优秀思想，也是中华文明五千年长盛不衰的推进器。同时，一切从实际出发是马克思主义的根本

---

① 习近平：《高举中国特色社会主义伟大旗帜　为全面建设社会主义现代化国家而团结奋斗——在中国共产党第二十次全国代表大会上的报告》，《人民日报》2022 年 10 月 26 日。

原则，反对教条主义是真正的马克思主义战士的一贯立场。中国共产党在我国革命建设和改革的过程中，始终坚持从实际出发，同教条主义进行坚决的斗争。不保守，观念新，体现在党的百年奋斗的方方面面。

习近平总书记在2021年秋季学期中央党校（国家行政学院）中青年干部培训班开班式上强调："坚持从实际出发，前提是深入实际、了解实际，只有这样才能做到实事求是。"① 事物是发展变化的，我们想问题、做决策、办事情，只有坚持深入实际、了解实际，提高抓取信息能力、分析判断能力，才能不断使自己的思想和行动符合客观规律、时代要求和人民愿望。党的百年奋斗历史，就是不断克服本本主义错误，在调查研究基础上推进理论创新，脚踏实地探索未来的历史。

第二次国内革命战争初期，由于阶级关系的急剧变化以及对国民党屠杀政策的仇恨和对右倾机会主义的不满，党内一度出现了"左"倾盲动主义，主要变现为：主张坚持走以城市为中心夺取革命胜利的道路；将资产阶级民主革命和社会主义革命混为一谈；认为革命战争潮流不可能低落，要求继续进攻。持这一主义的同志对马克思列宁主义有一定的了解，对中国革命问题也持有一些正确的主张，但总体来说对于中国革命的特点、中国革命的规律缺乏很好的研究，对过去失败的革命教训未能进行及时、深刻总结，未能真正把握马克思列宁主义真理的实质和精髓，未能将其与中国革命的具体实践有机结合，而是机械地照搬俄国十月革命和中国北伐战争关于城市中心和正规战争

① 习近平：《努力成为可堪大用能担重任的栋梁之才》，《求是》2022年第3期。

的经验，主张发动城市工人暴动。教条主义根深蒂固是"左"倾盲动错误出现的根本原因。

从 1929 年到 1930 年，国民党军阀混战不断，给了红军和根据地不断发展的机会，但随着形势的好转，党内又出现了"左"倾冒险主义。持这一主义的同志认为革命形势已在全国范围内成熟，中国政治经济的根本危机在全国范围内无任何根本区别，均保持继续尖锐化的态势，也就是说中国革命的高潮即将到来，并且有极大的可能实现全国性的胜利，同时中国革命的胜利必将引起世界范围内革命的震荡，中国革命的胜利将在世界革命史上发挥重要作用。这一主义照搬了俄国十月革命以城市为中心夺取革命胜利的道路，完全忽视了中俄两国在社会性质和革命性质上的区别，他们对中国革命发展态势作出了完全错误的估计并且在具体实施过程中付出了惨重的代价。他们认为当前党的革命条件已经成熟，革命力量已经充沛，群众只需要在工业中心或政治中心发起大规模的武装暴动，就能实现一省或几省的首先胜利，继而波及全国取得其他省区的胜利，建立全国性的革命政权。在错误思想的主导下，他们制定了以武汉为中心的全国中心城市起义和集中全国红军攻打中心城市的冒险计划。这种忽略实际、固守本本的政策指挥，使党和革命事业在短时间内遭到严重打击，党在国统区的许多秘密组织遭到破坏，有的几乎全部瓦解，许多优秀党员、团员和革命群众遭到敌人的杀害；党在农村辛苦建立的根据地有的缩小有的丢失，党在农村的执政基础遭到破坏。

真正的马克思主义战士从来都不固守马克思主义的本本，而是坚持从客观存在的现实出发，冷静分析我国的社会性质和革命性质，以此作为行动的依据。与"左"倾冒险主义的盲目和盲动相对应的是以毛泽东为主要代表的镇定和理智。毛泽东和朱德不仅反对中央关于"左"的决策，而且在实践中还加以抵制，尽力将红军损失降到最低。毛泽东在领导中央苏区开展革命斗争的过程中，一边深入调查研究，一边撰写理论文章，著名的《反对本本主义》便是在这一时期写出来的。他在文中提出"中国革命斗争的胜利要靠中国同志了解中国情况"，强调"马克思主义的'本本'是要学习的，但是必须同我国的实际情况相结合。我们需要'本本'，但是一定要纠正脱离实际情况的本本主义"[1]。正是坚持了从当时我国的社会历史条件出发，毛泽东同志才能够提出在白色政权包围下小块红色政权不仅能够存在而且能够长期坚持和发展的科学论断，并领导开辟和壮大了中央革命根据地。后来，王明"左"倾主义把马克思主义教条化，把共产国际决议和苏联经验神圣化，导致中央革命根据地第五次反"围剿"失败，中央红军不得不进行战略转移。历史证明，只有坚持实事求是，才能走出正确道路。走自己的路，不断推进实践基础上的理论创新，是党百年奋斗得出的历史结论。

邓小平非常重视党的理论创新，注重从中国的实践和时代的特征出发继承和发展马克思主义。1989年他在会见外宾时指出："世界形势日新月异，特别是现代科学技术发展很快。现在的一年抵得上过去古老社会几十年、上百年甚至更长的时间。不以新的思想、观点去继承、发展马克思主义，不是真正的马克思主义者。"[2] 勇于创新是一个党、一个国家、一个民族兴旺发达的根本所在。党的十一届三中全会召开前后，党和国家领导人不失时机地开展真理标准问题的讨论，肃

---

[1]《毛泽东选集》第一卷，人民出版社1991年版，第111—112页。

[2]《邓小平文选》第三卷，人民出版社1993年版，第291—292页。

清"两个凡是"的错误风气，从改革开放的伟大新实践和和平与发展成为时代主题的时代特征出发，毫不动摇地坚持马克思主义，与时俱进地发展马克思主义，科学回答了建设中国特色社会主义的发展道路、发展阶段、根本任务、发展动力、发展战略、政治保证、祖国统一、外交和国际战略、领导力量和依靠力量等一系列基本问题，实现了马克思主义中国化新的飞跃。

中国的改革开放和现代化建设是一项崭新的伟大事业，没有现成的模式可循，我们只能以马克思主义的基本原理为指导，一切从实际出发，在实践中学习，在实践中探索，在实践中创造。我们要抛弃那些对马克思主义的某些原则、某些本本的教条式理解，抛弃那些对社会主义不科学的甚至扭曲的认识，抛弃那些超越社会主义初级阶段的不正确思想，坚决反对那些根本否定马克思主义的错误观点，坚持用辩证唯物主义和历史唯物主义的世界观、方法论去分析和解决问题。

我们必须坚持实事求是，不断推进马克思主义中国化时代化。我们今天坚持和发展的中国特色社会主义，是党和人民历经千辛万苦、付出巨大代价取得的根本成就，是实现中华民族伟大复兴的正确道路，也是坚持实事求是的伟大成果。习近平总书记指出，"实事求是，是马克思主义的根本观点，是中国共产党人认识世界、改造世界的根本要求，是我们党的基本思想方法、工作方法、领导方法"[①]；强调"坚持解放思想和实事求是相统一、培元固本和守正创新相统一，不断开辟马克思主义新境界"[②]。新的征程上，我们必须继续坚持马克思主义根本立场、观点和方法，实现马克思主义基本原理与中国具体实

① 习近平：《在纪念毛泽东同志诞辰 120 周年座谈会上的讲话》，人民出版社 2013 年版，第 15 页。
② 习近平：《在党史学习教育动员大会上的讲话》，人民出版社 2021 年版，第 12 页。

际、与中华优秀传统文化的双结合，不断推进理论创新，丰富马克思主义时代内涵、赋予马克思主义中国特色，不断夺取新时代中国特色社会主义的新胜利。

第二节　理论开拓创新需要充分辨明

发展必须辨明方向，创新先要直面问题。新思想、新理论从产生到被广泛接受往往会经历复杂的过程，我们必须敢于直面问题，理性地争辩问题，彻底地思考探讨问题，才能去伪存真，统一认识。中国共产党在理论开拓创新中敢于直面问题，并善于引领人们全面深入地思考问题。

真理标准是什么？这是理论发展中的一个重要基础问题，但在实践中也是一个众说纷纭的复杂问题，只有通过彻底讨论，打开思路，解放思想，才能找到答案。

1976 年 9 月 9 日，一代伟人毛泽东与世长辞。毛泽东去世了，但他带给中国的影响远远没有消失，无论是他开创的社会主义事业，还是他关于中国道路的选择问题。毛泽东去世后，未来的中国究竟往何处去，是摆在中国人面前的一个难题。

"文化大革命"结束后，"两个凡是"，即"凡是毛主席作出的决策，我们都坚决拥护；凡是毛主席的指示，我们都始终不渝地遵循"具有一定的代表性，最初出现在 1977 年 2 月 7 日《人民日报》、《红旗》杂志、《解放军报》社论《学好文件抓住纲》中。"两个凡是"

是以教条主义的态度对待毛泽东思想，继续搞个人崇拜，阻挠对"文革"和以前"左"倾错误的纠正，干扰了中共中央进行的全面拨乱反正工作。

邓小平认为，单纯走老路是无法改变中国的面貌的，也难以顺应世界潮流。要走出一条新路，就要直面如何评价毛泽东的功过是非问题。但毛泽东刚刚去世，各种因素交织在一起，如果马上就对毛泽东的一生作出论断极其不合时宜。邓小平采取的策略是，抓住时机推动关于真理问题的大讨论，从思想讨论着手推动拨乱反正。

邓小平引导大家充分讨论"两个凡是"和真理标准问题，在全国开展了实践是检验真理的唯一标准的讨论。在 1978 年 6 月的全军政治工作会议上，邓小平强调"实事求是"的思想路线，批判了"两个凡是"。之后他又在多个不同场合讲这个问题，还同中宣部负责人谈，要求不要下禁令，不要设禁区，不要把刚刚开始的生动活泼的政治局面向后拉。在邓小平强有力的支持和领导下，各级领导干部积极参与，广大理论工作者和新闻工作者共同努力，到 1978 年 8 月、9 月、10 月，形成了全社会大讨论的局面。

1978 年 12 月，邓小平在开展关于真理标准问题大讨论的时候，首先充分肯定了毛泽东与毛泽东思想的伟大历史地位。他深情地指出："毛泽东同志在长期革命斗争中立下的伟大功勋是永远不可磨灭的。……没有毛泽东思想，就没有今天的中国共产党，这也丝毫不是什么夸张。"① 邓小平的这一定位坚持了实事求是的态度，有力地回击了改革初期"非毛化"的逆流。

----

① 《邓小平文选》第二卷，人民出版社 1994 年版，第 148—149 页。

同时，邓小平并不讳言毛泽东晚年所犯的错误，他在毛泽东生前就委婉拒绝了要他主持对"文革"进行肯定性评价的要求，后来又坚决抵制了试图神化毛泽东的"两个凡是"论。但他同时也明确指出，分析毛泽东的缺点和错误，既要看到毛泽东的个人责任，更要分析产生错误的复杂历史背景。他多次表明，在毛泽东所犯的错误中，自己也有份。

在这一过程中，邓小平对毛泽东的个人崇拜作了深刻的反思和分析。既要逐步恢复国家的民主生活，又要发扬起毛泽东思想的旗帜引领作用。邓小平顺应党心民意，果断提出把对毛泽东评价的决议起草工作提上中央工作日程，以早日安定党心民心。这样，1979 年 11 月，邓小平决定正式启动《关于建国以来党的若干历史问题的决议》的起草工作。1980 年，邓小平在《党和国家领导制度的改革》中说："从一九五八年批评反冒进、一九五九年'反右倾'以来，党和国家的民主生活逐渐不正常，一言堂、个人决定重大问题、个人崇拜、个人凌驾于组织之上一类家长制现象，不断滋长。"[①] 制度不好，使好人无法充分做好事，甚至使好人变坏，会把国家拖向灾难的深渊。

1980 年 3 月，邓小平针对已经起草好的决议草稿提出了三条修改完善的指导思想：第一，确立毛泽东同志的历史地位，坚持和发展毛泽东思想，这是最核心的一条，也是最重要、最根本、最关键的一条。第二，对新中国成立 30 年来历史上的大事，哪些是正确的、哪些是错误的，要进行实事求是的分析，包括一些负责同志的功过是非，要作出公正的评价。第三，通过这个决议对过去的事情做个基本的总结。争取在决议通过以后，党内、人民中间思想得到明确，认识

----

① 《邓小平文选》第二卷，人民出版社 1994 年版，第 330 页。

得到一致，历史上重大问题的议论到此基本结束。最后，邓小平提出总的要求：对历史问题，还是要粗一点、概括一点，不要搞得太细。虽然指导思想已经确立，但关于历史问题的讨论并未就此结束。1980年10月，面对种种争论，邓小平坚定地表示：在科学评价毛泽东和毛泽东思想的问题上绝不能让步。他说："不提毛泽东思想，对毛泽东同志的功过评价不恰当，老工人通不过，土改时候的贫下中农通不过，同他们相联系的一大批干部也通不过。毛泽东思想这个旗帜丢不得。丢掉了这个旗帜，实际上就否定了我们党的光辉历史。"① 邓小平特别强调："决议稿中阐述毛泽东思想的这一部分不能不要。这不只是个理论问题，尤其是个政治问题，是国际国内的很大的政治问题。如果不写或写不好这个部分，整个决议都不如不做。……不把毛泽东思想，即经过实践检验证明是正确的、应该作为我们今后工作指南的东西，写到决议里去，我们过去和今后进行的革命、建设的分量，它的历史意义，都要削弱。不写或不坚持毛泽东思想，我们要犯历史性的大错误。"②

经过多次修改和"四千人大讨论"，决议最终在邓小平的坚持下定稿。1981年6月27日，党的十一届六中全会通过了《关于建国以来党的若干历史问题的决议》，全面科学地分析了新中国成立以来党的历史，彻底否定了"文化大革命"，科学评价了毛泽东和毛泽东思想，维护了毛泽东的历史地位，肯定了毛泽东思想的指导作用。决议通过以后，进一步统一了人们的思想。决议的通过标志着党在指导思想上的拨乱反正胜利完成，它也是我党在理论层面的一次创新之举。邓小平后来说，从十一届三中全会到十二大，走出了一条全心全意建

① 《邓小平文选》第二卷，人民出版社1994年版，第298页。
② 《邓小平文选》第二卷，人民出版社1994年版，第299—300页。

设社会主义的新路。

　　1989 年 9 月 16 日，邓小平说：“我历来不主张夸大一个人的作用，这样是危险的，难以为继的。把一个国家、一个党的稳定建立在一两个人的威望上，是靠不住的，很容易出问题。”① 夸大个人，就会出现个人崇拜，就会忽略制度建设，就会把希望放在个人身上，就会导致人存政举、人亡政息的恶果，就会陷入“其兴也勃焉，其亡也忽焉”的历史周期律之中而不能自拔。而要走出历史周期律，就要避免个人崇拜，要用制度选人用人，用制度来治国理政。

　　理论不辩不明，不争不透。关于“两个凡是”和真理标准问题的大讨论具有重要意义。通过讨论，实践是检验真理的唯一标准这个马克思主义认识论的基本原理深入人心。理论与实践相统一是马克思主义的最基本原则，一个理论是否正确地反映了客观实际、是不是真理，只能靠社会实践来检验。实际上，毛泽东早在《实践论》中就指出：“人类认识的历史告诉我们，许多理论的真理性是不完全的，经过实践的检验而纠正了它们的不完全性。许多理论是错误的，经过实践的检验而纠正其错误。所谓实践是真理的标准，所谓‘生活、实践底观点，应该是认识论底首先的和基本的观点’，理由就在这个地方。”②

　　邓小平坚决地终止了“以阶级斗争”为纲的方针，果断地把工作重心转到“以发展生产力”为中心，成功地把“政治挂帅”扭转为“发展主题”，既契合中国的国情和人民群众的期望，也符合世界和平与发展的潮流。真理标准问题和“两个凡是”的大讨论，明确解决了我们党的思想路线问题，重新恢复和发展了毛泽东同志所倡导的实事

──────────

①《邓小平文选》第三卷，人民出版社 1994 年版，第 325 页。
②《毛泽东选集》第一卷，人民出版社 1991 年版，第 293 页。

求是、理论联系实际、一切从实际出发的思想路线。邓小平对中国前进方向的转向，充分表现了中国共产党卓越的政治创造力，以及敢于在理论层面开拓创新的伟大魄力。

2013 年 12 月 26 日，习近平总书记在纪念毛泽东同志诞辰 120 周年座谈会上的讲话中深刻指出："35 年前，在党和国家面临向何处去的重大历史关头，在邓小平同志领导下，我们党解决了正确评价毛泽东同志和毛泽东思想的历史地位、根据新的实际和历史经验确立中国实现社会主义现代化的正确道路这两个相互联系的重大历史课题，作出了把党和国家的工作重点转移到以经济建设为中心的社会主义现代化建设上来、坚持四项基本原则、实行改革开放的历史性决策，实现了新中国成立以来我们党历史上具有深远意义的伟大转折。"[1] 从 1978 年起，中国进入中国特色社会主义建设的新时期，开启了中国特色社会主义建设的新征程，开创了中国特色社会主义道路。

第三节　好理论首先是符合国情的理论

理论开拓创新的目的是不断发展出好理论，而好理论的标准一定是科学原理与具体国情紧密结合的新产物。科学原理可以直接学习借鉴，但如何认清国情、如何把两者完美融合，是中国共产党理论开拓创新的关键。

---

① 习近平：《在纪念毛泽东同志诞辰 120 周年座谈会上的讲话》，人民出版社 2013 年版，第 13 页。

一、"农村包围城市"才是中国革命正途

1861 年，沙皇亚历山大二世开始推行农奴制改革，俄国正式进入了资本主义时代。到了十月革命前夕，俄国的城市化率达到了百分之六十以上，全国绝大部分的人口、财富都集中在城市，并形成了成熟的工人阶级。因此，当布尔什维克通过十月革命控制了俄国主要的大城市后，便走上了城市包围农村的革命道路。那么，处在半殖民地半封建社会下的中国，应该走什么样的革命道路呢？

中国共产党在幼年阶段，由于各种复杂的原因，受共产国际的指导和指挥，共产国际代表的地位往往在中国共产党领导人之上。换句话说，此时中国革命的决策和命令，甚至整个中国共产主义革命的道路和方向都掌握在外国人手中，因此通过暴动占领中心城市进而取得政权的俄国式革命方式也试图被复制到中国。

1927 年相继发生的四一二反革命政变和七一五反革命政变，标志着第一次国民大革命的失败。大革命失败的主观原因是中国共产党发展尚不成熟，党内出现了以陈独秀为首的右倾机会主义，放弃了革命的领导权。但是在 1924 年至 1927 年这 3 年间，我党相当一部分同志得到了历练，这些同志积极开辟根据地，并在根据地内主动宣传党的主张，与农民群众和睦相处，谱写了军民团结、军民一家的佳话。

大革命的失败教训启示我党不仅要建立革命的统一战线，而且要始终保持自身的独立性。与此同时，鉴于陈独秀同志的错误指挥和领导，中共中央进行改组，决定撤销陈独秀总书记一职，由张国焘、周恩来、李立三等组成临时中央常务委员会。为了挽救处于低潮的中国

革命，新的中共中央决定举行南昌起义，并组成以周恩来为书记的中共前敌委员会，周恩来任命贺龙为起义代总指挥，负责领导这次起义。

为了联合和争取国民党的左派力量，南昌起义发动时仍然使用国民革命军旗号，坚持"城市中心"的革命方针。1927 年 8 月 1 日 2 时，南昌起义开始。经过 4 个多小时的激烈交战，全军歼灭守敌 3000 余人，南昌起义取得成功。中共前委按照中央原定计划，决定南下广东建立根据地，再次北伐。9 月底，起义军在广东揭阳县与敌军激战失利，剩余部分分两路转移：一部进入海陆丰地区；另一部在朱德、陈毅带领下，转战闽粤赣湘边界，并于 1928 年 4 月到达井冈山与毛泽东领导的秋收起义军胜利会师。在起义军转移的过程中，领导人也陆续分散转移：周恩来、贺龙、叶挺、聂荣臻等在地方党组织的掩护下，乘小划子由汕头出海到香港（后来，周恩来转移到上海）；贺龙在火线入党后，受党委委托回到湘鄂西开展革命斗争；叶挺、聂荣臻到广州领导了广州起义。

南昌起义作为我党历史上的重要里程碑，打响了武装反抗国民党反动统治的第一枪，标志着中共独立领导武装斗争、创建人民军队和武装夺取政权的开始。同时，南昌起义部分战役的失败告诉我党以城市为中心的革命道路在中国是行不通的，只有到农村去，到农村建立革命根据地，走农村包围城市的道路，才是符合中国革命基本情况和中国国情的正确选择。

南昌起义后，中共中央于 1927 年 8 月 7 日召开了"八七会议"，主题仍然是总结大革命的失败教训，清除党内出现的右倾错误。会议选举了新的临时中央政治局：瞿秋白主持中央工作；瞿秋白、李维汉、苏兆征等9人为正式委员；周恩来、毛泽东等7人为候补委员。同时，会议还确定了土地革命和武装反抗国民党反动派的屠杀政策为党在新时期的总方针，并把发动农民举行秋收起义作为党在当时的重要任务，决定让毛泽东去湖南领导秋收起义。"八七会议"的召开，为正处于思想混乱、组织涣散的中国共产党指明了前进方向，但未能注意防止正在滋生的"左"倾苗头，导致其后来发展成为对党造成极大危害的"左"倾错误。

毛泽东同志被安排到湖南领导秋收起义，攻打长沙。秋收起义第一次公开打出了工农革命军的旗号，毛泽东在《西江月·秋收起义》一词中兴奋地写道："军叫工农革命，旗号镰刀斧头。……秋收时节暮云愁，霹雳一声暴动。"但攻打长沙外围战斗的失利其实是注定的，接下来该怎么办？是听从指挥走俄国十月革命的老路继续进攻，还是尊重实际情况另寻他路？进攻，极有可能全军覆没；退却，则与中央的指令背道而驰。在这种严峻的形势下，毛泽东顶住压力，果断地抛弃了进攻长沙的计划，转而向敌人力量薄弱的山区进军，下令各部队到文家市集中。在文家市前委会议上，毛泽东就反对余洒度等人攻打长沙的观点，并耐心地说服大家将部队转向农村和山区，发动农民群众深入进行土地革命，坚持武装斗争，保存和发展革命力量。他分析了形势后说，"情况变了，我们的计划也要变，不变就要吃亏"①。总指挥卢德铭等大多数人支持毛泽东的主张，并以前委会的名义作出了向萍乡转移的命令。毛泽东作出这一抉择，需要巨大的勇气，他也知道将要承担什么样的责任。然而，他并没有因此退缩。毛泽东敢于违

---

① 何长江：《革命回忆录》（一），人民出版社1980年版，第7页。

抗中央命令，并率领部队南下井冈山开辟根据地，最终使中国革命道路发生重大转折，体现了中国共产党人坚持理论创新的科学实验精神。这种科学实验精神就是不拘泥于教条和命令，不唯书、不唯上、只唯实的实干精神，是敢为人先、敢闯新路的精神。1927 年 10 月底，毛泽东率领起义部队到达湘赣边界的罗霄山脉中段井冈山的茨坪。1928 年，毛泽东领导起义部队建立了井冈山革命根据地，开创了农村包围城市的革命道路。

井冈山革命根据地的建立使农民在政治上、经济上翻了身，是民主革命的希望。毛泽东总结井冈山革命斗争的经验，相继写了《中国的红色政权为什么能够存在？》《井冈山的斗争》和《星星之火，可以燎原》，创造性地提出并阐明了工农武装割据的思想。工农武装割据是指在中国共产党的领导下，实现武装斗争、土地革命和农村革命根据地的有机结合。这一重要思想的提出从理论上解决了"农村包围城市"的道路难题，创造性地发展了马克思主义，是马克思主义基本原理与中国革命具体实践相结合的产物。

实事求是、敢闯新路，是井冈山精神的核心。道路问题是关系党的事业兴衰成败第一位的问题，道路就是党的生命。2012 年 11 月，习近平总书记在参观《复兴之路》展览时强调："全党同志必须牢记，道路决定命运，找到一条正确的道路多么不容易，我们必须坚定不移走下去。"①

马克思主义并未指出未来社会发展的具体道路，中国革命这条独特的道路是怎样开辟的？从井冈山点燃的星星之火，何以形成燎原之

①《习近平谈治国理政》第一卷，外文出版社 2018 年版，第 36 页。

势？是什么力量激励着中国共产党人走向胜利？这就是将马克思主义与中国具体实际相结合，将理论与实践相结合，走出一条"本本"上没有的新路。没有实事求是、敢闯新路的精神和勇气，就无法跳出"城市中心论"的他国革命经验圈，就无法真正解决中国社会的矛盾，就无法实现人民群众的基本诉求。井冈山道路的开辟、第一个农村革命根据地的建立，是中国共产党人坚持一切从实际出发、上下求索的结果。

中国共产党带领中国人民誓言"不走改旗易帜的邪路"、不接受"教师爷"般"颐指气使的说教"。走自己的路，意味着中国特色社会主义不是马克思主义"模板"。虽然马克思揭示了关于自然界、人类社会和思维发展的普遍规律，但并未留下未来社会发展的标准模式。中国之所以能够站起来，就是因为以毛泽东同志为主要代表的中国共产党人能够拔新领异，能创造性地处理"本本"和实践的关系，从而开辟了以农村包围城市、武装夺取政权的革命新路，使"山沟里的马克思主义"成为"活"的马克思主义。

二、　新民主主义社会是中国的必经阶段

新民主主义社会是从新民主主义到社会主义的过渡时期，是过渡到社会主义社会的准备阶段。从1949年10月新中国成立到1956年社会主义改造基本完成，中国的社会性质是新民主主义社会。

新民主主义革命理论在马克思主义文献中是崭新的东西，是中国共产党人理论创新的结果。新民主主义革命理论不仅提出殖民地半殖民地国家的新民主主义革命要分两步走，即第一步建设新民主主义社

会，第二步再过渡到社会主义社会，还指明了经济落后的国家取得民主革命胜利后如何建设国家的问题，其中就包括如何实现向社会主义过渡的问题、如何使一个落后国家在不经过资本主义社会阶段的前提下进入社会主义社会的问题。新民主主义理论的提出，既是理论创新，更是实践创新，有着重大意义。

新民主主义社会是新民主主义革命的产物。毛泽东指出，由于中国革命的性质和新民主主义革命的特点，中国革命必须分两步走：第一步是改变半殖民半封建的社会状态，使中国成为一个独立的新民主主义国家，是新式的特殊的民主主义革命，即无产阶级领导的人民大众的新民主主义革命，革命的性质是由革命的任务而不是由革命的动力决定的；第二步是使革命继续向前发展，开展社会主义革命，建立一个社会主义国家。民主革命胜利后，中国必将进入无产阶级领导的新民主主义社会，无产阶级掌权就保证了未来社会主义革命的发生并取得胜利。中国的民主革命是社会主义革命的必要准备，社会主义革命是民主革命的必然趋势。

历史上曾出现过两种未能正确处理新民主主义革命和社会主义革命关系的错误主张，这就是"毕其功于一役"论和"二次革命论"。第一种是以王明为代表的一次革命论的主要观点，其错误在于混淆了民主革命和社会主义革命的界限，企图超越民主革命阶段，将民主革命和社会主义革命并作一步走，一步跨进社会主义，直接取得社会主义革命的胜利。从根本上来说，这是企图在民主革命阶段实行社会主义革命。因此，这是完全错误的"左"倾冒险主义或盲动主义的观点。第二种错误主张是"二次革命论"，是俄国孟什维克提出的观点。在孟什维克看来，无产阶级领导民主革命是不可能的事情。在中国，持这一观点的是以陈独秀为代表的右倾主义者。他们主张把中国革命过程中两个紧密联系的阶段割裂开来，在民主革命胜利后，先建立一个资产阶级专政的资本主义国家，将来再进行社会主义革命，同时放弃党对民主革命的领导权。这是完全错误的右倾机会主义的观点。

　　新民主主义社会是独属于中国社会的特殊历史时期，丰富发展了马克思主义社会形态理论。新民主主义革命胜利后，中国社会究竟是一个怎样的社会？对于这个问题，毛泽东在《中国革命和中国共产党》中"中国革命的前途"这一节写道："在革命胜利之后，因为肃清了资本主义发展道路上的障碍物，资本主义经济在中国社会中会有一个相当程度的发展，是可以想象得到的，也是不足为怪的……但这只是中国革命的一方面的结果，不是它的全部结果。中国革命的全部结果是：一方面有资本主义因素的发展，又一方面有社会主义因素的发展。这种社会主义因素是什么呢？就是无产阶级和共产党在全国政治势力中的比重的增长，就是农民、知识分子和城市小资产阶级或者已经或者可能承认无产阶级和共产党的领导权，就是民主共和国的国营经济和劳动人民的合作经济。所有这一切，都是社会主义的因素。加以国际环境的有利，便使中国资产阶级民主革命的最后结果，避免资本主义的前途，实现社会主义的前途，不能不具有极大的可能性了。"[1]

　　应该说，《中国革命和中国共产党》中的这段话讲得很周全，可以被视作对新民主主义社会的一个科学的描述，但还没有把这样一个社会明确地概括为"新民主主义社会"。到了撰写《新民主主义论》

————————————

　　[1]《毛泽东选集》第二卷，人民出版社1991年版，第650页。

时，毛泽东才明确革命胜利后的社会是"新民主主义社会"。在《新民主主义论》中，毛泽东写道："这个中国革命的第一阶段（其中又分为许多小阶段），其社会性质是新式的资产阶级民主主义的革命。"① 这个革命"决不是也不能建立中国资产阶级专政的资本主义的社会，而是要建立以中国无产阶级为首领的中国各个革命阶级联合专政的新民主主义的社会"②。在这里，"新民主主义社会"这个概念应该包括这样一层意思：它是一个相当长的历史阶段。因为一个社会形态绝不会是很短的时间。换句话说，在中国新民主主义革命胜利后那种一方面有资本主义因素发展一方面又有社会主义因素发展的局面，将是一个相当长历史时期的现象。

对于未曾指明的理论道路和不可借鉴的实践经验，中国共产党人在理论创新的基础上与时俱进地探索出了中国由新民主主义向社会主义过渡的正确道路。这一过渡时期包括新中国成立初期的政权稳固时期和社会主义工业化建设时期，这两个时期的工作任务侧重有所不同，但一定程度上都是在为社会主义社会制度的确立奠定坚实稳固的基础。

新中国成立初期，由于帝国主义的长期掠夺、国民政府和官僚资本的大肆搜刮、长期战争的严重破坏，经济形势非常严峻，主要表现为：工农业生产下降；全国交通运输几乎瘫痪；新中国成立前，国统区经济已趋向总崩溃。鉴于此，党和国家首先着手恢复经济。

在农村，开展土地改革、劳动互助合作，允许农民自主经营、兴修水利等。对于中国这样一个农业大国来说，土地就是农民的命根

①《毛泽东选集》第二卷，人民出版社 1991 年版，第 671 页。
②《毛泽东选集》第二卷，人民出版社 1991 年版，第 672 页。

子。早在民主革命时期，中国共产党就曾提出过土地革命的纲领，领导解放区开展土地改革运动，基本完成了包括东北、华北等老解放区约占全国三分之一面积的土地改革，消灭了封建剥削制度，将农民解放了出来。新中国成立后，从 1950 年冬到 1953 年春，党领导人民在新解放区占全国人口一半多的农村有组织、有计划地分批进行土地改革，每批都经历了发动群众、划分阶级、没收和分配地主土地财产、复查和动员生产等步骤，最终将封建半封建的土地所有制改变为农民的土地所有制。土地改革真正实现了中国农民数千年来得到土地的愿望，使农民真正从经济上翻身做了主人，极大地解放了农村的社会生产力，激发了广大农民群众投身革命和建设的积极性。土地改革改变了贫雇农的落魄生活和阶层状况，确立了其优势地位，同时极大地巩固了中国共产党在农村的执政基础。

在城市，没收官僚资本，建立国营经济；稳定物价，取信于民；合理调整工商业，调动私人工商业者的积极性。官僚资本是指旧中国统治者凭借国家政权的力量建立和发展起来的资本主义经济，是政治不民主、经济不发达的产物。新中国成立后，没收了国民政府的财产和官僚资本归国家所有。这样，人民政府掌握了国家的经济命脉，建立了社会主义国营经济，为人民政权的巩固和国民经济的恢复奠定了经济基础。人民政府又通过开展"银元之战"和"米面之战"打击奸商对银元和市场的操控，获得了人民的信任。但在平抑物价、打击投机倒把分子的同时，也影响了部分私营工商业者的正常经营活动，导致 1950 年春夏之际全国市场萧条，部分工商业关闭。为此，党中央调整公私关系和劳资关系，放松对私营工商业的控制，调动私人工商业者的积极性，使市场得以复苏，促进了经济的恢复和国家财政的好转。国民经济的恢复，既巩固了新生的政权，也为"三大改造"和有计划的经济建设提供了物质基础。

在新民主主义社会这一历史时期，并存着多种经济成分，如国营经济、合作社经济（集体经济）、农民和手工业者的个体经济、国家资本主义经济、私人资本主义经济。与此相联系，新民主主义社会的阶级构成包括工人阶级、农民阶级和其他小资产阶级、民族资产阶级等基本的阶级力量。党在处理完民主革命遗留任务后认识到我国正面临新的发展形势，有必要且有条件进行社会主义改造，向社会主义过渡。据此，党明确提出我们在过渡时期的总路线就是要在一个相当长的时期内，逐步实现国家的社会主义工业化，并逐步实现国家对农业、手工业和对资本主义工商业的社会主义改造。

"一五"计划就是要集中力量发展重工业，建立国家工业化的初步基础；"三大改造"是有步骤地对农业、手工业、资本主义工商业进行社会主义改造。其中，对农业和手工业采取"自愿"和"引导"的政策，对资本主义工商业采取"和平赎买"的政策。马克思、列宁都曾提出过"赎买"政策，但并未实施过。中国共产党根据中国具体实际，将书本上的设想落地开花，实现了理论创新，解决了新民主主义时期工业化建设问题，实现了过渡时期经济的平稳发展和社会安宁，为社会主义社会的建立奠定了坚实的物质基础。

同时，党和国家重视政治制度的制定和完善，包括：召开中国人民政治协商会议，建立中国共产党领导的多党合作和政治协商制度；创立人民代表大会制度；通过《中华人民共和国宪法》；确立民族区域自治制度。这一系列政治制度的确立和完善，为社会主义社会的建立提供了政治保障。

1956 年"三大改造"的完成，标志着中国由新民主主义社会进入社会主义社会。这一过渡阶段是马克思主义经典教义中没有的，是独属于中国共产党人的创造，是中国共产党人坚持理论创新和实践创新的历史产物。实践证明，新民主主义的过渡时期是中国的必经阶段，是我国社会主义建设和发展的必经阶段。

三、"中国式现代化"首先必须是中国的

坚持理论开拓创新，必须有正确发展的方向，必须有坚定方向的智慧。比如中国的现代化理论，既要遵循人类现代化发展的基本规律，更要立足中国国情，符合中国实际。

新中国成立以来，为使我国能够成为一个现代化强国，中国共产党不断规划和设计我国的发展蓝图。1954 年，在第一届全国人民代表大会上，毛泽东号召全党和全国人民，要准备在几个五年计划之内，将我们这样一个相对落后的国家，建设成为一个工业化的具有高度现代文化程度的伟大的国家。

1964 年 12 月，在第三届全国人大一次会议的政府工作报告中，周恩来总理首次完整地提出了"四个现代化"的历史任务："在不太长的历史时期内把我国建设成为一个具有现代农业、现代工业、现代国防和现代科学技术的社会主义强国。"[1]

20 世纪六七十年代，是许多国家经济起飞或持续发展的时期，我国周边的许多国家和地区正是在此前后实现了国民经济迅速发展。邓

---

[1] 阎建琪、高屹主编：《〈邓小平关于建设有中国特色社会主义的论述专题摘编〉学习讲座》，人民出版社 1993 年版，第 207 页。

小平说过，"中国六十年代初期同世界上有差距，但不太大。六十年代末期到七十年代这十一二年，我们同世界的差距拉得太大了"①，中国"五十年代在技术方面与日本差距也不是那么大。……而日本却在这个时期变成了经济大国"。②

1978 年，邓小平访问了日本、朝鲜、泰国、马来西亚、新加坡等国家，1979 年初访问了美国，这些外事活动使他清楚地看到了中国与世界的距离。

1978 年 10 月，在党的十一届三中全会召开前夕，邓小平应邀访问日本。其间，邓小平参观了日本的汽车、电器工厂，对日本现代化建设的感触直观而深刻。

党的十一届三中全会通过的公报指出："实现四个现代化，要求大幅度地提高生产力，也就必然要求多方面地改变同生产力发展不适应的生产关系和上层建筑，改变一切不适应的管理方式、活动方式和思想方式，因而是一场广泛、深刻的革命。"③

那么，对于正处在社会主义初级阶段的中国来说，四个现代化意味着什么呢？

邓小平认为，中国现代化是中国式的社会主义的现代化。在他看来，只有社会主义才能救中国，才能发展中国；同样，只有现代化才能救中国，才能发展中国。所以，邓小平讲社会主义离不开现代化。

1979 年 3 月 21 日，邓小平与以马尔科姆·麦克唐纳为团长的英中文化协会执行委员会代表团会见时，第一次提出了"中国式的四个

---

① 《邓小平文选》第二卷，人民出版社 1994 年版，第 231—232 页。

② 《邓小平文选》第三卷，人民出版社 1993 年版，第 274 页。

③ 《中国共产党第十一届中央委员会第三次全体会议公报》，人民出版社 1978 年版，第 5 页。

现代化"概念。他指出："我们定的目标是本世纪末实现四个现代化。我们的概念与西方不同，我姑且用个新说法，叫做中国式的四个现代化。"①

1979年3月30日，邓小平说道："中国式的现代化，必须从中国的特点出发。"他在分析中国的国情时说：第一，中国底子薄基础差，科学技术力量不足，经济上属于很贫穷的国家之一；第二，中国人口多，耕地少，人口压力大，资源短缺。这就成为中国现代化建设必须考虑的特点。②

1979年12月6日，邓小平与当时的日本首相大平正芳会见时阐述了"中国式的四个现代化"的特点。他说："我们要实现的四个现代化，是中国式的四个现代化。我们的四个现代化的概念，不是像你们那样的现代化的概念，而是'小康之家'。到本世纪末，中国的四个现代化即使达到了某种目标，我们的国民生产总值人均水平也还是很低的。要达到第三世界中比较富裕一点的国家的水平，比如国民生产总值人均一千美元，也还得付出很大的努力。就算达到那样的水平，同西方来比，也还是落后的。所以，我只能说，中国到那时也还是一个小康的状态。"③邓小平的"小康"思想的提出，是经过深思熟虑的。这一思想反映了全党全国人民几十年来建设社会主义的实践和探索，凝聚了全党的思考。邓小平就是在这个基础上作了高度概括。

关于小康思想，邓小平后来多次进行阐述。他说，小康水平"就是不穷不富，日子比较好过的水平"④。"我们提出四个现代化的最低

①《邓小平年谱（1975—1997）》（上），中央文献出版社2004年版，第496页。
②武市红、高屹主编，《邓小平与共和国重大历史事件》，人民出版社2000年版，第272页。
③《邓小平文选》第二卷，人民出版社1994年版，第237页。
④《邓小平文选》第三卷，人民出版社1993年版，第109页。

目标，是到本世纪末达到小康水平。这是一九七九年十二月日本首相大平正芳来访时我同他首次谈到的。所谓小康，从国民生产总值来说，就是年人均达到八百美元。这同你们相比还是低水平的，但对我们来说是雄心壮志。中国现在有十亿人口，到那时候十二亿人口，国民生产总值可以达到一万亿美元。……按社会主义的分配方法，就可以使全国人民普遍过上了小康生活。"[①]

1980 年 1 月，邓小平在《目前的形势和任务》的讲话中作进一步阐述："我们要在本世纪实现四个现代化，从今年元旦起，只有二十年，就是八十年代和九十年代。……对于我们的建设事业来说，八十年代是很重要的，是决定性的。这个十年把基础搞好了，加上下一个十年，在今后二十年内实现中国式的四个现代化，就可靠，就真正有希望。"[②]

"中国式的现代化""小康社会"概念的提出，对中国经济的发展产生了重大影响。1981 年党的十一届六中全会正式提出，经济建设必须从我们国情出发，量力而行，积极奋斗，有步骤、分阶段地实现现代化的目标。1982 年党的十二大把小康社会进一步确定为全党全国人民到本世纪末的奋斗目标。

进入新时代，习近平总书记在中国共产党与世界政党领导人峰会上指出，中国共产党将团结带领中国人民深入推进中国式现代化，为人类对现代化道路的探索作出新贡献。

党的十八大描绘了中国全面建成小康社会、加快推进社会主义现代化的目标图景，提出"两个一百年"奋斗目标。党的十九大进一步提出新时代社会主义现代化建设"两步走"战略安排："第一个阶

---

① 《邓小平文选》第三卷，人民出版社 1993 年版，第 64 页。

② 《邓小平文集》第二卷，人民出版社 1994 年版，第 241 页。

段，从二〇二〇年到二〇三五年，在全面建成小康社会的基础上，再奋斗十五年，基本实现社会主义现代化""第二个阶段，从二〇三五年到本世纪中叶，在基本实现现代化的基础上，再奋斗十五年，把我国建成富强民主文明和谐美丽的社会主义现代化强国。"①

习近平总书记在十九届六中全会第一次完整提出"中国式现代化新道路"；在党的二十大上，习近平总书记进一步介绍了"中国式现代化新道路"的本质要求和基本特征，丰富和完善了"中国式现代化新道路"的内涵和外延，为我们在新的征程上准确、完整、全面地坚持走"中国式现代化新道路"提供了科学的方法论指导。

中国式现代化是人口规模巨大的现代化。中国共产党自诞生之日起，就把"为中国人民谋幸福，为中华民族谋复兴"作为自己的初心和使命。"人口规模巨大"正是对中国共产党初心和使命的现实回应，这表明在实现现代化的路上"一个人也不能少"的决心，体现了人民的主体地位，表明了我国的现代化与西方现代化的根本上的不同。西方现代化是有着鲜明阶级立场的现代化，是为资产阶级服务的，它的实现为以剥夺和牺牲大多数人的利益为基础；而我国的现代化是为十四亿中国人民服务的，它的实现是以满足全体中国人民生存和发展需求为基础，二者在"实现主体和实现基础"上有着本质的不同。我国是有着十四亿人口的发展中国家，"人口规模巨大"既是我们实现现代化的人口优势，同时也是我们实现现代化的最大阻力之一。我们必须清醒地认识到，在实现现代化的征途上，"绝不是轻轻松松、敲锣

① 习近平：《决胜全面建成小康社会 夺取新时代中国特色社会主义伟大胜利》，人民出版社 2017 年版，第 28—29 页。

打鼓就能实现的"①，仍然面临着许多的难度和挑战。因此，"我们始终从国情出发想问题、作决策、办事情，既不好高骛远，也不因循守旧，保持历史耐心，坚持稳中求进、循序渐进、持续推进"②。

中国式现代化是全体人民共同富裕的现代化。"全体人民共同富裕"并不等于"同步富裕"，也不等同于"同等富裕"。我们的"共同富裕"不是平均主义，而是分阶段、有步骤地逐步实现全体人民的共同富裕。这是中国共产党面临的严峻任务，即"'蛋糕'不断做大了，同时还要把'蛋糕'分好"③。"做大蛋糕"就要坚持高质量发展的发展理念，始终坚持发展为了人民，发展依靠人民，"把人民对美好生活的向往作为现代化建设的出发点和落脚点"④，在发展中逐步解决城乡差距、区域差距、收入差距等不平衡不充分问题；"分好蛋糕"就要不断完善分配制度，坚持初次分配、再分配和三次分配，不断增强人民群众的获得感、幸福感与安全感，共同推进共同富裕。

中国式现代化是物质文明和精神文明相协调的现代化。物质文明建设是精神文明建设的基础，精神文明建设是物质文明建设的指引，二者是同一过程的两个方面，统一于实现中国式现代化的全过程。在物质文明层面，坚持发展是党执政兴国的第一要务，要立足新发展阶段，贯彻"创新、协调、绿色、开放、共享"的新发展理念，用高质量发展推动全面建成社会主义现代化强国；在精神文明层面，要始终

---

① 《习近平谈治国理政》第三卷，外文出版社 2020 年版，第 101 页。

② 习近平：《高举中国特色社会主义伟大旗帜　为全面建设社会主义现代化国家而团结奋斗——在中国共产党第二十次全国代表大会上的报告》，《人民日报》2022 年 10 月 26 日。

③ 《习近平谈治国理政》第一卷，外文出版社 2018 年版，第 97 页。

④ 习近平：《高举中国特色社会主义伟大旗帜　为全面建设社会主义现代化国家而团结奋斗——在中国共产党第二十次全国代表大会上的报告》，《人民日报》2022 年 10 月 26 日。

坚持马克思主义在意识形态领域的指导地位，在全社会大力弘扬社会主义核心价值观，立足中华文化立场，坚持文化自觉和历史自觉，不断寻找中华优秀传统文化与马克思主义的新的结合方式和结合点，不断构建中国特色社会主义话语体系，发挥文化软实力的作用，补足中国人民的"精神之钙"。

中国式现代化是人与自然和谐共生的现代化。考察西方国家发展进程，我们可以得出：走西方国家先污染后治理的老路是行不通的。中国式现代化要吸取和借鉴国内外发展经验，努力开创人与自然和谐共生的新局面。一方面，我国的经济发展一定要坚持尊重自然、顺应自然、保护自然的生态理念，坚持节约资源、保护环境的基本国策，坚持生态优先、保护优先的方针，将生态价值转化为经济价值，实现"天人合一"的高质量发展，全面推动建成社会主义现代化强国；另一方面，要想实现我国经济的绿色发展，促进人与自然的和谐共生，就要立足我国能源现状，推进能源革命，使用清洁能源，化解能源危机，将实现"双碳"目标融入"中国式现代化"的全过程和各方面，实现中华民族的永续发展。

中国式现代化是走和平发展道路的现代化。中国是世界上唯一没有依靠侵略而实现现代化的国家，这与中华民族爱好和平的优良传统以及近代以来我国深陷战争"泥潭"的历史渊源密不可分，我们深知和平的来之不易和可贵之处。"我国不走一些国家通过战争、殖民、掠夺等方式实现现代化的老路"①，这是我国对世界各国人民作出的庄严承诺，也是我国对自身发展道路的高度自信和高度认可。在新的历

---

① 习近平：《高举中国特色社会主义伟大旗帜　为全面建设社会主义现代化国家而团结奋斗——在中国共产党第二十次全国代表大会上的报告》，《人民日报》2022年10月26日。

史条件下，我国始终坚持"全人类共同价值"理念，始终站在正义与和平的一方，用自身的发展去谋求世界的和平，不断推动构建"你中有我、我中有你"的人类命运共同体，为维护世界和平作出了突出贡献。

新时代新征程上，"世界之变、时代之变、历史之变正以前所未有的方式展开"①，这对我们在新的历史条件下进行开拓创新提出了更高的要求。一方面，我们要统筹推进"五位一体"总体布局、协调推进"四个全面"战略布局，把中国特色社会主义事业不断推向前进；另一方面，我们要立足中国国情，作出符合中国实际的价值判断和价值选择。只要这样，我们才能在开拓创新中更好地实现"中国式现代化"，更好地推进全面建成社会主义现代化强国和实现中华民族伟大复兴。

四、"三步走"的意义远不止三步

中国共产党的理论开拓创新，既要符合中国实际国情，贴近国家发展的具体问题，也要灵活制定有利于自身发展的标准，更善于构建具有自身特色的理论体系。"三步走"战略，正是其中的杰出代表。

粉碎"四人帮"后，全党和全国人民都心怀快速发展经济、缩小同发达国家差距的急切愿望。在这一时代背景下，中国共产党开始以传统的计划经济体制作为改革的突破口，着力探索新时期实现社会主义现代化的具体路径。

---

① 习近平：《高举中国特色社会主义伟大旗帜　为全面建设社会主义现代化国家而团结奋斗——在中国共产党第二十次全国代表大会上的报告》，《人民日报》2022年10月26日。

　　党的十一届三中全会把党的工作重点转移到社会主义现代化建设上，但现代化怎么搞？随着国民经济调整的深入，以邓小平为代表的中国共产党人开始思考实现中国社会主义现代化的战略部署。

　　1979年3月，邓小平在党的理论工作务虚会上发表讲话指出："我们当前以及今后相当长一个历史时期的主要任务是什么？一句话，就是搞现代化建设。能否实现四个现代化，决定着我们国家的命运、民族的命运。"[①] "过去搞民主革命，要适合中国情况，走毛泽东同志开辟的农村包围城市的道路。现在搞建设，也要适合中国情况，走出一条中国式的现代化道路。"[②]

　　1982年9月1日，中国共产党第十二次全国代表大会在北京召开。在大会的开幕词中，邓小平指出："我们的现代化建设，必须从中国的实际出发。无论是革命还是建设，都要注意学习和借鉴外国经验。但是，照抄照搬别国经验、别国模式，从来不能得到成功。这方面我们有过不少教训。把马克思主义的普遍真理同我国的具体实际结合起来，走自己的道路，建设有中国特色的社会主义，这就是我们总结长期历史经验得出的基本经验。"[③] 这是邓小平第一次提出建设有中国特色的社会主义的概念，它成为整个新的历史时期改革开放和现代化建设的指导思想。党的十二大明确提出，从1981年到20世纪末的20年，我国经济建设的总的奋斗目标是：在不断提高经济效益的前提下，力争使全国工农业的年总产值翻两番，即由1980年的7100亿元增加到2000年的28000亿元左右。

[①]《邓小平文选》第二卷，人民出版社1994年版，第162页。

[②]《邓小平论坚持人民民主专政》，群众出版社2004年版，第10页。

[③]《中国共产党第十二次全国代表大会文件汇编》，人民出版社1982年版，第3—4页。

　　全面现代化目标的实现，需要正确的、合乎实际的战略步骤。为此，邓小平同志立足我国社会主义初级阶段的现实国情，确立了"三步走"的现代化战略步骤。

　　党的十二大后，邓小平明确提出了"两步走"的战略构想，即"前十年打好基础，后十年高速发展"。在此基础上，邓小平进一步提出了"第三步"的战略构想。1987年4月，邓小平对"三步走"的现代化战略作了完整阐释："第一步在八十年代翻一番。以一九八〇年为基数，当时国民生产总值人均只有二百五十美元，翻一番，达到五百美元。第二步是到本世纪末，再翻一番，人均达到一千美元。实现这个目标意味着我们进入小康社会，把贫困的中国变成小康的中国。那时国民生产总值超过一万亿美元，虽然人均数还很低，但是国家的力量有很大增加。我们制定的目标更重要的还是第三步，在下世纪用三十年到五十年再翻两番，大体上达到人均四千美元。做到这一步，中国就达到中等发达的水平。"①

　　1987年10月，党的十三大正式将邓小平的"三步走"伟大战略构想确定下来，这成为指导新时期现代化建设的行动纲领。"三步走"战略构想描绘了在社会主义初级阶段我国由"温饱""小康"向"现代化"阶段过渡的动态进程，这一战略目标与战略步骤的设定是科学的、合理的、务实的。相比于新中国成立以来其他经济发展的战略构想，"三步走"战略实现了一系列重大突破，主要表现在以下方面。

　　一是"三步走"战略的长期性、前瞻性。在提出"三步走"战略之前，我国的发展战略涉及的时间跨度均较短。例如，中华人民共

――――――――

①《邓小平文选》第三卷，人民出版社1993年版，第226页。

和国成立初期曾提出"三年恢复，十年经济发展"；1953 年，在制定过渡时期总路线时提出"用十五年时间实现工业化"等；即使是对"四个现代化"战略中时间框架的表述，也仅为 25 年。而"三步走"战略规划了未来 63 年的发展历程，战略目标更涉及中华人民共和国成立后的 100 年时间。这种长期计划有效地克服了之前政策的反复多变，有利于保证大政方针的长期稳定性。

二是"三步走"战略整体方案更加符合中国国情，更具操作性。"三步走"战略对每个步骤所要达到的预期目标都提出了具体描述，从而使每个目标都清晰、明确。"三步走"战略不是以他国发展要求为标准，而是以当时中国自己的国民生产总值为发展目标和衡量尺度，在科学合理的基础上，更易于操作实施和参照对比。

三是"三步走"战略确定的发展目标既体现中国特色，又符合国际通行标准。在此之前，我国的"四个现代化"战略目标采用的是工农业生产总值这一衡量指标，与国际通用的国民生产总值指标不具有通用可比性。而"三步走"战略使用了国民生产总值指标，采用美元作为计量单位，同时以其他发达国家、中等发达国家、发展中国家的情况作为参照对象。这表明，整个战略目标的设计不仅充分考虑了中国的实际国情，而且高度重视与国际接轨。

四是"三步走"战略更注重人民生活水平的改善。不同于之前的"工业化""四个现代化"目标，"三步走"战略的目标首次把人民生活水平的改善摆在了突出位置。例如，邓小平在关于解决温饱目标的描述中，强调人民生活"虽不富裕，但日子好过"，在"人民的物质生活好起来的同时，文化水平提高了，精神面貌会有大的变化"。这充分体现了邓小平对国民经济发展和社会主义制度优越性的坚定信念。

　　五是"三步走"战略的统筹设计和推行实施，是和经济体制改革紧密配合的。这套战略构想的顺利实施，离不开社会主义市场经济体制的建立，需要与我国全方位的经济体制改革协同推进。

　　在"三步走"战略的部署下，中国现代化建设的宏伟蓝图徐徐展开。这不仅为建设有中国特色的社会主义伟大事业指明了方向，而且为全国各族人民的美好生活提供了宏伟愿景，成为凝聚全国人民合力投身改革开放伟大征程的重要动力。

第三章

实践开拓创新

　　坚持实践开拓创新，是党的百年奋斗历程不断攻坚克难、完善自我的重要经验。时代是思想之母，实践是理论之源，好的理论永远追随时代发展，产生于生动的实践。中国共产党通过百年奋斗，团结带领中国人民实现从站起来、富起来到强起来的三次伟大飞跃，取得了举世瞩目的辉煌成就，正向着更高目标砥砺奋进。这些实践成就的背后，正是我们党始终坚持立足于中国革命和建设实践的开拓创新。

一个科学的理论不仅顺应时代的发展要求、引领时代的发展走向，更是实践中现实需求的反映和实际问题的召唤。百年来，中国共产党不断开拓理论创新，并在这些科学理论的指导下团结带领中国人民艰苦奋斗，创造了新民主主义革命、社会主义革命和建设、改革开放和社会主义现代化建设以及新时代中国特色社会主义这四个方面的伟大成就。我们之所以能不断地进行理论创造并取得一系列的伟大成就，正得益于党始终坚持立足中国实际，带领全国各族人民进行宏大而独特的实践创新，其经验主要体现在以下四个方面。

一是坚持加强和改进党的领导。中国革命和建设的历史经验表明，党的领导是取得一切胜利的根本保证，是团结带领中国人民攻坚克难、披荆斩棘的定海神针。只有不断坚持和完善党的领导，才能更好地凝心聚力、发挥优势、开创未来。

二是坚持科学的世界观及方法论，坚持灵活务实的实践原则。立足客观条件，最大限度发挥人的主观能动性，抓住核心问题、关键问题，努力克服困难，摆正后进者姿态，坚持勤奋好学，不断发展自身。

三是保持敢闯敢干、革新求变的勇气及魄力。创新者最怕抱残守缺，需要开辟新局的智慧和勇气。中国共产党始终是实践开拓创新的主导者、先行者和破局者。

四是坚持以人民为中心，践行群众路线和全心全意为人民服务的宗旨，始终保持党和人民的血肉联系。坚持汇集民意，聚焦民生关切问题，把人民最关心的问题作为民生实践的切入点、发力点。坚持保障人民群众权益，努力赢得更多支持与认可。

第一节　实践开拓创新需要勇气和智慧

战无不胜的军队一定带有开拓创新的基因。中国共产党领导的人民军队之所以能够以弱胜强，逐渐从旧式军队变为新型人民军队，一步步壮大，并快速实现现代化，靠的不是守成心态，恰恰相反，靠的是一次又一次的开拓创新！

一、为旧式军队注入新灵魂

习近平总书记在纪念中国人民解放军建军 90 周年大会上的讲话中强调："党对军队绝对领导的根本原则和制度，发端于南昌起义，奠基于三湾改编，定型于古田会议，是人民军队完全区别于一切旧军队的政治特质和根本优势。"[①]

让士气低落的旧式队伍面貌焕然一新，中国共产党走了三步创新好棋：第一步，通过"三大起义"，打出了中国共产党自己的革命旗帜，完成了由 0 到 1 的跨越，实现了组织上的建军；第二步，通过三湾改编创造性地提出了"把支部建在连上""官兵平等"等一整套崭新的治军方略，实现了党对军队的绝对领导；第三步，通过古田会议，确立了中国共产党领导下人民军队建设的基本原则和发展方向，

---

① 习近平：《在庆祝中国人民解放军建军 90 周年大会上的讲话》，人民出版社 2017 年版，第 6 页。

强化了党对军队的思想政治领导，实现了思想上的建军。中国共产党仅用了短短两年多时间，就实现了旧式军队向新型人民军队脱胎换骨般的根本蜕变。

1927年9月，秋收起义失败后，为保存革命力量再图发展，毛泽东率起义部队一路沿罗霄山脉南进，向井冈山转移。行军路上，前有阻截后有追兵，一路走一路打，经常天不亮就出发，一直走到天黑才露营。途中，不少官兵感染了疟疾，部队减员严重。到江西省永新县三湾村时，原本5000多人的革命队伍锐减至不足1000人。敌强我弱、饥寒交迫、疾病肆虐、伤员增加……起义部队面临重重困难。但更严重的问题是，此时部队中弥漫着一股消沉的情绪，一些官兵军阀习气严重，一些知识分子和旧军人出身的官兵在战斗失利、环境艰苦面前悲观动摇、缺乏斗志，甚至有人擅自离队、不辞而别。

面对这种危急情况，毛泽东通过深入调查，同何挺颖、宛希先等干部交流意见后，很快找出了部队中亟待解决的问题。一是起义部队编成复杂。部队是由武汉国民政府警卫团、浏阳农军、安徽工人武装等多种兵源组成，部分官兵革命动机不纯。二是官兵不平等，一些军官带有严重的旧军队习气。出身军校的军官明显高人一等，部分军官有人帮忙打水、洗衣、提鞋，甚至还有机会吃小灶。黄埔军校出身的个别军官更是威风，被士兵称为"五皮军官"，皮鞋、皮帽、皮带、皮包、皮鞭一样不少。而且更严重的是，打骂士兵是常事，旧军队的军官普遍认为"鸟是养出来的，兵是打出来的"。三是缺乏坚强有力的基层党组织，这也是最严重的问题。在当时极端困难的情况下，第一团党代表何挺颖所带连队政治气氛浓厚，不仅无一人掉队，而且士气高昂，体现了基层党组织在危难时刻的关键作用。

1927 年 9 月 29 日，部队抵达三湾村当晚，毛泽东立即在泰和祥杂货铺召开中共前敌委员会扩大会议，讨论部队现状及其解决措施，做出对部队实行整顿和改编的决定，这就是著名的"三湾改编"。

有困难就要勇于开拓，有问题就要敢于创新。三湾改编主要包括三方面的创新。

一是针对部队的实际情况及消极涣散情绪，缩编建制，加强思想教育工作。队伍由一个师缩编为一个团，称工农革命军第 1 军第 1 师第 1 团。及时取消了余洒度等对革命持消极态度军官的指挥权，防止悲观情绪在部队持续蔓延。同时，毛泽东宣布了"愿留者留，愿走者则走"的基本原则，体现了中国共产党革命队伍对待官兵的人性温度。有个叫陈三崽的战士，由于挂念家中生病的老母亲，对于走还是留，犹豫不定，左右为难。毛泽东知道情况后，立即拿出自己积蓄的40 个银毫子和 5 块银元的路费交给他，劝他回家把老娘的病治好，在家乡也可以和乡亲们一起闹革命。陈三崽热泪盈眶地离开了部队。但第二天，他又回来了，不但革命意志更加坚定，还带着十几个青壮年一同加入，为队伍扩充了力量。这一创新做法，改变了部队人心涣散的状态，极大提升了部队战斗力。

二是针对官兵不平等问题，在部队内部实行民主制度，建立新型官兵关系。连以上建立士兵委员会，士兵有表达自由；废除了之前的烦琐礼节，规定官兵平等、待遇一致，军官不准打骂士兵，士兵也不能侮辱军官。士兵委员会参与部队的各项管理，可以监督军官行使权力。在三湾时，几个排长一起聚餐，向老乡买了几只鸡，被士兵发现还被捆起来了，显示了士兵对军官的监督权。

三是健全党组织，设立党代表。在各级部队建立党的组织，由原来团以上单位建立党组织改为在班排建立党小组、连队建立党支部、营团建立党的委员会。实行党的前敌委员会统一领导制度，明确部队一切重大问题必须经党组织集体讨论决定，从组织领导体制上确立并保证党对军队的绝对领导。这一措施十分及时，改编后的新任团长陈浩当时密谋把部分队伍带走，向地方军阀方鼎英投降。正是因为党组织深入了连队，才及时制止了这一重大阴谋。

三湾改编是我党我军发展历史上的重要开拓创新举措，真正打碎了旧军队的组织架构，首次实行"党指挥枪""支部建在连上"的制度，是确立党对军队绝对领导原则的开端，同时实行民主制度，实现"官兵平等"，从政治上、组织上初步奠定了新型人民军队的基础，在建军史上具有重要意义。毛泽东后来在写给中央的信中谈道："红军所以艰难奋战而不溃散，'支部建在连上'是一个重要原因。"[1] 罗荣桓回忆说："三湾改编，实际上是我军的新生，正是从这时开始，确定了党对军队的领导。"[2]

二、 锻铸党魂和军魂

1928 年 4 月 28 日，毛泽东和朱德、陈毅率领的两支起义部队在井冈山胜利会师，两军合编为工农革命军第四军，即红四军。部队实力不断壮大，根据地形势不断巩固，但新的问题逐渐产生：如何把处在农村游击战争环境下以农民为主要成分的政党和军队建设成为无产阶级的政党和人民军队？这样，一个新课题摆在了红四军面前。

---

①《毛泽东选集》第一卷，人民出版社 1991 年版，第 65—66 页。

②《罗荣桓军事文选》，解放军出版社 1997 年版，第 562 页。

艰难困苦，玉汝于成。面对新问题，只有大胆地试、勇敢地改，努力再创新！

当时红四军党内存在绝对平均主义、主观主义、个人主义、流寇思想、盲动主义残余等众多非无产阶级思想，究其根本原因，"自然是由于党的组织基础的最大部分是由农民和其他小资产阶级出身的成份所构成的"①。红军初创时期，兵员成分复杂，尤其是农民和其他小资产阶级出身的兵员占了很大比例。以红四军为例，"据1929年5月的统计，红四军大约4000人，其中党员1329名。在这些党员中，有工人310人，占23.4%……红四军党员中农民和其他小资产阶级出身的人占70%"②。农民和小资产阶级必然身不由己地把他们固有的不适合中国革命的思想带到党内来，加之尚处在幼年时期的红军领导机关对党内不正确思想缺乏一致的坚决斗争，对党员缺乏正确的路线教育，就使得非无产阶级的思想在军队中不断滋长流毒。

毛泽东、朱德、陈毅等红四军领导人对部队和党组织建设进行了长期艰辛的探索和深入的思考，早已观察到党内的非无产阶级思想并没有得到彻底肃清，反而随着形势和环境的变化更加突出，甚至在一些重大原则问题上发生了较大分歧。当时争论的焦点在于红四军党内要不要设立军委，表面上看这是组织机构设置的问题，实质上是一场关于党和军队关系问题的争论。

为了解决这一系列问题，1929年12月28日，中国工农红军第四军第九次党的代表大会（古田会议）在古田曙光小学隆重召开。会议讨论通过了毛泽东起草的《中国共产党红军第四军第九次代表大会决

---

① 《毛泽东著作选读》（上册），人民出版社1986年版，第25页。
② 黄宏、林仁芳：《古田精神》，人民出版社2007年版，第26页。

议案》，即著名的《古田会议决议》，其中心思想正是要用无产阶级思想建设无产阶级的政党和人民军队，其精神内核就是"思想建党，政治建军"；明确了我军的性质、宗旨和使命任务，重申了"党指挥枪"、党必须对军队实行绝对领导、政治工作是红军的生命线等原则；指明了把以农民为主要成分的革命军队建设成为新型人民军队的基本途径，从根本上解决了党领导和建设军队的一系列重大问题；锻铸了党对军队绝对领导的军魂和思想建党、始终保持党的先进性的党魂，人民军队由此得以脱胎换骨。

三、　游击战一样能出神入化

革命战争时期，从那些以少胜多的战役中可以看出，我军能够战胜实力数倍于己的敌人，靠的不仅是战士们的战斗意志，还有各种战术。比如，当时我军结合实际情况，经常使用一种适合小部队攻击大部队的战术，这就是游击战。抗日战争时期，游击战与根据地、正规军建设并列构成打持久战的"三驾马车"。把游击战这种原本杀伤力有限的战术运用得出神入化，正是中国共产党灵活变通、开拓创新的成果。

万事开头难，游击战刚刚被提出的时候，很多人认为它就是一种"逃跑"战术。随着革命斗争的加剧，游击战也开始从各个不同的方面进行演变。在井冈山时期，它表现为"打圈子"战术，后来演化为著名的十六字诀："敌进我退，敌驻我扰，敌疲我打，敌退我追。"洛川会议将持久战确定为战略总方针。1938 年 5 月，毛泽东发表《论持久战》，明确提出"八路军的方针是：'基本的是游击战，但不放松有利条件下的运动战'"①，标志着红军军事战略转变的完成。

　　游击战绝不是简单的"小打小闹""游而不击""搞背后突袭"，那些对游击战有误解的人往往对中国革命历史缺乏了解。国民党也曾打过游击战。1938 年武汉会战开始之前，国民党名将白崇禧就号召来不及撤退而滞留在黄河以北的国民党军队不要渡河，就地组织游击战。10 月，在武汉军事会议上讨论对敌战法时，鉴于中国军队以劣势装备对日军优势装备的情况，白崇禧再次提出，中国军队在战术上应该采取"游击战与正规战相配合"。1939 年武汉失守之后，国民党愈加重视游击战的作用。为了培养游击战指挥人才，国共合作在衡山举办了 3 期南岳游击干部培训班，蒋介石亲任主任，聘请了叶剑英等中共将领为教官，传授游击战战略战术和政治工作，周恩来也曾到训练班视察与授课。1939 年 1 月，国民党军训部编写了《游击战纲要》一书，作为研讨游击战之教材，下发各战区及军事学校。可见，国民党对游击战也十分重视。

　　对我军游击战实力的肯定，敌人的"做证"则更有说服力。侵华日军总司令冈村宁次曾回忆："说到作战，大体上各军、方面军直辖兵团对当地共军都在日夜进行讨伐战……共军的确长于谍报……而且足智多谋，故经常出现我小部队被全歼的惨状。"②

　　《冈村宁次回忆录》里记录过一场八路军游击战的全过程："我军步兵分队在最边缘地方布防时，驻守一般是在村庄或要冲等地修筑堡垒，外面围绕一条深水沟，沟上设置吊桥以便出入，平时将吊桥收起，士兵生活在水沟围绕的范围内，并派有岗哨警戒。村庄里的农民

---

①《毛泽东选集》第二卷，人民出版社 1991 年版，第 500 页。
② 齐世荣：《齐世荣史学文集》，人民出版社 2002 年版，第 248 页。

大多是纯朴善良的人，天长日久自然也就和村民有些来往。有一天一座碉堡上发现由村子那边过来一队送葬行列。如此大殡实在少见，当行列走近碉堡旁时，分队长等人完全不假思索放下吊桥，武装不整地走出碉堡，刚刚来到行列近旁，突然送殡人群大乱，许多手枪一齐射击，分队长等应声倒毙，随后行列冲入碉堡，残兵均被消灭。"

游击战灵活多变、没有定式，被敌人形容为"来无影去无踪"，就像毛泽东所说："打仗没有什么神秘，打得赢就打，打不赢就走，你打你的，我打我的，什么战略战术，说来说去，无非就是这四句话。"①

在抗日根据地斗争中，游击战的形式也在不断创新。以地道战为例，虽然这种战法在宋代就已存在，但在中国共产党的带领下，广大群众积极参战，将其战术不断改造创新，最终形成了别具一格的平原游击战术。仅 1941 年至 1945 年的 4 年里，八路军及其领导下的民兵坚持在冀中平原上开展地道战，挖掘的地下通道密如织网。与先前强调"隐蔽 + 防御"功能的传统地道不同，冀中地道更兼具"生活 + 攻击"作用。比如著名的冉庄地道，共有 4 条主要干线、24 条支线，村内户户相通，向外可通往孙庄、姜庄、隋家坟等村，全长 30 余华里。地道一般宽 2 米、高 1.5 米、顶部土厚 2 米以上；地道内设有了望孔、射击孔、通气孔、陷阱、活动翻板、指路牌、水井、储粮室等，便于长期进行对敌斗争。

此外，广大抗日军民因地制宜，自发开创了多种多样的战术，比如"地雷战""地道战""麻雀战"等。海阳地区民兵善用的"地雷

---

① 明振江：《毛泽东用兵真如神》，人民出版社 2007 年版，第 55 页。

战"、枣庄地区十分活跃的"铁道游击战"、沿日军行军路线开展的"车轮战"、同日军转圈子的"推磨战"、一处打响四面驰援的"蜂窝战"等，在部分地区成功实践后，大都在各地革命战斗中被普遍运用。

中国共产党领导的游击战是取得革命战争胜利的重要战略。首先，游击战坚定了人民群众收复失地、坚持战斗的决心，启发了民族自觉，鼓舞了群众士气。抗日战争时期，很多敌后根据地的群众看到游击战的成效，纷纷加入战斗，狠狠打击了敌人的气焰。其次，游击战有力配合了正面战场。国共合作抗日时，我军的游击运动战时常配合国民党作战，很好地隐蔽了国民党军队的真实行动意图，起到迷惑敌人、扰乱敌人、牵制敌人增援部队的战略作用，忻口会战就是这种成功配合的经典案例。最后，游击战有效开拓了敌后根据地，迅速壮大了革命武装力量。在整个抗日战争中，人民军队发展到 120 余万人，民兵发展到 260 万人，抗日民主根据地人口近 1 亿人。这些抗战力量为中国革命的最终胜利奠定了坚实基础。

四、"土办法" 制造 "新武器"

面对武器精良的敌人，人民军队时刻都在思考如何开拓创新，如何尝试用"土办法"制造"新武器"，以弥补武器装备的弱势。

解放战争初期，我军缺乏火炮等重型火力武器。针对这一情况，我军自主研发了一种被称为"飞雷"的武器，它用汽油桶作炮管，可以将 10 公斤的炸药包抛射到距离 150 米到 200 米的目标。汽油桶越粗，口径就越大，大口径"飞雷"能把落点附近的一切碉堡、工事、地堡炸飞。因为"飞雷"的破坏力实在太大，所以国民党军队当时把它称作"没良心炮"。在歼灭黄维兵团的淮海战役中，"飞雷"一战成名，国民党苦心修筑的"野核桃"防御工事被炸成一片废墟，多支国民党"王牌"兵团被打得胆战心惊，他们军队中就传言：解放军研发了一种秘密重型武器"特大威力炮"。

经过我军反复的战场实践，"飞雷"还出现了多个改良品种，比如用抛射筒改装成火焰喷射器，抛射几十公斤重的石头、飞送集束手榴弹；还有一种长尾杆、带尾翅、挂炸药包的飞雷筒，威力很大，曾被毛泽东誉为"土飞机"，在平津战役、淮海战役和太原战役中大显神威，使我军炮火压倒了国民党军队的火力，加速了解放战争的胜利进程。

新中国成立后，以毛泽东为核心的党中央也注重运用土办法。毛泽东那时特别强调："人民解放军搞现代化，既要搞洋办法，也应该搞点土办法，例如民兵是土办法。土办法发展以后，也可以变成洋办法。"①

1958 年，毛泽东在要求大幅裁减军队的同时发出了"大办民兵师"的号召。同年，全国民兵总数达到 2.2 亿，政治可靠的大多数中青年男女都被编入民兵队伍，真可谓"全民皆兵"。这种"全民皆兵"的国防方针，对任何想入侵中国的敌人都形成了强大的心理震慑。事实证明，在国防建设中坚持"土洋结合"，实行正规军、民兵"两条腿走路"的方针是符合中国国情的。

---

① 徐焰：《军事家毛泽东》，中央文献出版社 2015 年版，第 235 页。

五、 放下身段才能努力追赶

抗美援朝战争的胜利，既是战略成果上的胜利，更是军队快速发展的胜利。这种胜利是在很低的起点实现的。从某种意义上讲，我们的敌人也是我们的老师，志愿军在朝鲜战场边打边学、边学边建，开拓了军队建设的许多新领域，创新了很多新理念、新战法。周恩来曾谈道："虽然在装备、武器和火力上，我们比美帝国主义还弱，但是我们从敌人方面学会了不少东西，现在我们已经锻炼出来了，我们懂得了如何击退他们的进攻。"[1] 彭德怀在战争结束后评论中国军队的武器进步时曾说到，抗美援朝几年的进步超过旧中国几十年。

刚入朝鲜时，中国军队的机械化水平低，同当时的西方存在农业社会与工业社会的"代差"。20 世纪 40 年代末，美国 1.5 亿人口中有汽车 5000 万辆，苏联 1.8 亿人口中有汽车 300 万辆，而中国只有 4 万辆进口汽车。这不仅是说当时中国的车辆少，还意味着会开车的人也极少。抗美援朝战争开始时，要向志愿军调去 2000 名司机，需要在全国范围内征集，我军缴获的多数美军汽车需要押着俘虏让他们开回来。

要想建设一支现代化军队，军人的科技文化素质必须跟得上。新中国成立时，80% 的人口是文盲，中学以上学历的人只占 1.3%。绝大多数解放军战士不识字，虽然部队也搞扫盲运动，但在相当长的时间内只能使战士们勉强看懂简单的宣传品，要掌握现代化装备的操作

---

[1]《周恩来军事文选》第四卷，人民出版社 1997 年版，第 297 页。

还非常困难，选拔飞行员的标准只能降到小学毕业即可。可见，我军当时的现代化之路困难重重。

强敌往往会是好的老师。中国人民志愿军同世界头号强国进行了2年9个月的战争，其间中国军队作战思想的创新极快。经过近8个月运动战的实践，1951年6月毛泽东在致斯大林的电报中阐述了对这场战争的认识："我军技术条件比敌人差得很远，无法迅速解决朝鲜问题，而决定用长期战争的方针去解决它。"[1] 中央军委在朝鲜提出了打小歼灭战即俗称的"零敲牛皮糖"的作战新方针，还提出了要打"杀伤战、消耗战"。在随后近2年的阵地防御中，志愿军靠群众智慧创造出坑道战这一世界战争史上的全新战法，证明了战略防御阶段采取阵地战不仅是可行的，而且是最佳的选择。1953年7月，志愿军在金城反击战中已经可以集中局部地面火力优势，以多兵种协同作战方式突破敌人的坚固防线，最终迫使敌军以妥协停战的方式结束了战争。

从1950年秋天到1953年秋天，仅用3年时间，人民解放军空军由只有1个航空兵师、几十架作战飞机，发展到拥有23个航空兵师、近3000架飞机，从数量看仅次于美苏，一跃成为世界第三大空军。美国空军参谋长范登堡将军惊呼："共产党中国几乎在一夜之间变成了世界主要空军强国之一。"[2]

朝鲜战场上现代化战争的现实需求，让中国人民解放军认清了差距，找到了发展方向。只有看清差距才能真正放下身段虚心学习，这正是走向成功的起点。

---

[1]《毛泽东年谱（1949—1976）》第一卷，中央文献出版社2013年版，第355页。
[2] 徐焰：《军事家毛泽东》，中央文献出版社2015年版，第233页。

1951 年 1 月 15 日，在南京原国民党中央军校院内隆重举行了解放军军事学院的成立典礼。大批由"小米加步枪"起家的指挥员走进课堂，开始学习现代军事科学技术，而院内多数教员——一批有较高文化和军事科技水平的国民党将军和教官们，不久前还是这些学员的手下败将。解放了全中国的胜利者向战败者学习长处，不仅显示了宏大的气魄和胸怀，更预示着胜利者将要攀登新的高峰。

六、 开拓创新必须以我为主

开拓有开拓的方法，创新有创新的原则，但一切方法和原则都不能离开四个字：以我为主。

抗美援朝战争结束后，苏联对我们提供了大量军援、派出了众多顾问专家，其军事理论对解放军产生了很大影响。起初，我军曾提出过对苏军要"全面地学，不走样地学"，比如军队体制改革就学习了苏联的做法。我军最初由统帅部进行战略指挥。统帅部的职能主要是指导和协调，既不给部队配发武器弹药，也不统一补给粮食衣物，只发电报。直至解放战争后期，中央军委机关只有几百人，主要任务也只是收集研究情报和下发电报，各战略区甚至是各部队仍需要自己解决作战装备与基本衣食问题，极大程度地发挥了因地制宜的战略优势。后来在进行正规化建设的进程中，军委总部陆续展开体制调整，参照苏联军队总部的体制，建立了由相当规模的总参谋部、总政治部、总后勤部等组成的大总部。

当然，我们同苏联军事顾问也有分歧，当时在军队改革方面的最大分歧在于是否实行"一长制"。苏俄红军建立之初，列宁和托洛茨基认为原来的旧军官不可靠，因而派共产党员去担任政委，不过后来列宁又认为在指挥员已是共产党员后，可以取消政委而由"一长"来统一领导。因此，苏联军事顾问认为政委制是一种低级领导形式，并以二战中苏联的经验教训为例，说明在战线宽、纵深大、战机瞬息万变的广阔战场上必须服从指挥员的意志和决断，设政委容易干扰指挥员的决心，部队设立一个管政治工作的政治副职就行了。

彭德怀等领导人一度赞成"一长制"，不过对于此事党内军内出现过激烈争论，不少人认为双首长制不影响现代化战争，国内战争和朝鲜战争就是例证。后来彭德怀的态度发生了转变，决定保留党委领导下的双首长分工负责制。毛泽东在审阅政治工作条例草案时，又强调了"中国共产党在中国人民解放军中的政治工作是我军生命线"①。根据毛泽东的决定，中央军委在学习苏联问题上提出了"科学技术全学，行政制度半学，政治工作不学"。

"政治工作不学"这一点体现了以我为主的学习创新原则，中国人民解放军由此没有像苏联那样搞军官特权化，很好地保留了常委制和原有政治工作的优良传统，这对保持军队的"人民"性质非常重要。

可见，开拓创新必须讲方法、重原则，必须以我为主，在立足自身特点的前提下，再谈大胆勇敢的开拓创新。这是在实践工作中一条永恒不变的方法论原则。

---

① 《毛泽东思想年编（1921—1975）》，中央文献出版社 2011 年版，第 764 页。

第二节　实践开拓创新需要勇闯新领域

创新靠的是智慧，开拓靠的是勇气。在一百多年的实践中，中国共产党不仅有无穷的创新智慧，更有敢想敢干的开拓勇气。只有在实践中敢闯新领域，才能把创新智慧付诸实践，最终开辟新天地、开创新事业。

一、 试验， 就要敢于承担

开拓创新是为了解放和发展生产力，但要彻底解放和发展生产力，就必须撬开旧体制这块束缚手脚的如磐巨石。

改革开放前的中国缺乏与世界经济的交流。据 1988 年 4 月 6 日《人民日报》载：1955 年，中国的国民生产总值占世界的 4.7 %，到 1980 年，下降到 2.5 %。1960 年中国的国民生产总值大体和日本相等，甚至略有优势，但到 1980 年，只有日本的 25 %。1959 年，中国的出口总值占世界出口总值的 1.95 %，居第 12 位，1980 年下降到 0.75 %，居第 32 位。在很长一段时间内，中国市场上没有西方国家的商品，图书馆里几乎没有西方国家的期刊，工厂里没有西方国家的新技术，国家发展更没有西方国家的资金。但绝大部分中国人有一种泱泱大国的骨气："既无外债，也无内债"是一件非常值得骄傲的事情，尤其是和西方国家没有债务往来，更能显示我们的尊严。

改革开放决定打开国门搞建设，但我们如何认识这个世界、如何认识和西方国家的关系、如何更好地和西方国家交往，都是需要重新定义的问题，而这些正是中国共产党当时急于开拓创新的领域。

改革开放的突破口在哪里？需要一个风险可控的试验场。划出一块不大的地方，放手试验，万一失败也可以承担，可以为改革开放的后续发展探路。那么，到底该在哪里试验呢？

机会总是留给有准备的人，时代的舞台更容不得丝毫优柔寡断和瞻前顾后。1979 年 4 月 5 日至 28 日，中共中央召开工作会议，集中讨论和解决了调整国民经济和思想理论工作方面的一些重大问题。广东省委第一书记习仲勋在中南组发言：广东省委提出了一个设想，利用自身优势，先走一步，在沿海划出一些地方单独管理，设置类似海外的出口加工区和贸易合作区，以吸引外商前来投资办企业。恰好，这一思路与中央不谋而合，邓小平要找的正是这样一块试验场。那么，这块被划出来的地方该如何命名呢？凡事都要名正言顺，毕竟，这是一种没有先例的做法。会议间隙，时年 75 岁的邓小平与广东省委第一书记习仲勋谈话时说："可以划出一块地方来，叫做特区。过去陕甘宁边区就是特区嘛。中央没有钱，你们自己搞，要杀出一条血路来。"①

就这样，"特区"这个名字成为改革开放的试验场，党中央也向特区作出了"杀出一条血路"的指示，邓小平把改革开放突出重围的"军令状"交给了特区。1979 年 7 月 15 日，经过深入调查研究的中发〔1979〕50 号文件即《中共中央、国务院批转广东省委、福建省委关

①《回忆邓小平》（下），中央文献出版社 1998 年版，第 469 页。

于对外经济活动实行特殊政策和灵活措施的两个报告》出台了。50号文件开创性地给广东、福建两省在计划、财政、金融、物价等方面以较多的自主权，特别在外贸方面，允许广东有权安排、审批和经营自己的对外贸易、来料加工、补偿贸易和合资经营等项目，还确定了在深圳、珠海、汕头、厦门试办经济特区。广东、福建两省成为对外开放试验的排头兵。

1980 年，全国人大常委会完成了有关兴办特区的立法程序，国务院很快批准了上述 4 个特区的地理位置和区域范围，各特区相继进入大规模建设阶段。中央任命任仲夷赴广东担当"先锋"，他曾经大胆放言"不要事事'一慢、二看、三通过'"。临行前，邓小平说："特区不仅是深圳、珠海那几块地方，是指广东、福建两省。单搞那一点地方不行，中央讲的是两个省。要实行特殊政策，灵活措施。你们要充分发挥这个有利条件，摸出规律，搞出个样子来。"①

然而，广东、福建开启改革开放实践后，马上遇到了一个严肃的问题：经济犯罪猖獗。有些人看到开放后接踵而来的各种机会，"求富"心切，不顾党纪国法铤而走险，广东、福建两省各种经济犯罪活动一下子泛滥起来，引起了国人震惊。其中，最为突出的是个别沿海地方的走私贩私：渔民不打鱼、工人不做工、农民不种地、学生不上学，一窝蜂地在公路沿线、街头巷尾兜售走私货。

党中央为了研究打击走私贩私、贪污受贿问题，多次召广东、福建省委领导进京座谈。1982 年 4 月，中共中央、国务院下发《关于打击经济领域中严重犯罪活动的决定》，及时指出了对外开放中的问题。

---

① 孔德生、张淑东、王新：《复兴之路》，人民出版社 2013 年版，第 218 页。

但是，有些人片面地把问题产生的原因归罪于改革开放本身，此时如果顶不住压力，就可能会使刚刚打开的对外开放局面夭折，从而使改革走回头路。

关键时刻，广东、福建省委领导很好地坚持贯彻了中央精神，强调实事求是，有什么问题解决什么问题，不搞运动，不分任务，不给下面压责任。在坚决打击经济犯罪的同时，坚定不移地继续进行改革开放。1982 年 5 月任仲夷在接受《世界经济导报》采访时，提出了一个响亮的口号"排污不排外"："我们不排外，排外是不对的。但是我们要排污。实行改革开放必然带来一些新问题，'近水楼台先得月'，但也会先污染。盲目排外是错误的、愚蠢的；自觉排污是必要的、明智的。排污要分清界限，要排真正的污，要做具体分析，要总结经验，吸取教训，统一认识。"

对外开放刚开始时跌宕起伏、一波三折，一旦实践中出现问题，部分被排外旧思想禁锢的人就会喊出反对的声音，比如"放羊"了、"精神污染严重"了、"资产阶级又一次向我们猖獗进攻"了、成为"新租界"了等。但改革的脚步并未放缓，需要不断解放思想，开拓创新，破除陈旧观念，排除各种干扰。

除了打击经济犯罪外，特区面临的另一个大难题就是如何打开"中外合资经营"的禁区。

曾任国务院副总理的李岚清就讲述过这样一个故事：1978 年，一机部让我带领工作组调查全国汽车工业情况，我几乎跑遍了全国。有件事特别好笑，某城市伪造的"解放"牌卡车，商标是"永向前"，我开玩笑说，车子不怎么样，名字倒有点意思。旁边的同志却对我说，他们的商标真是名副其实，这车子没有倒挡，只能向前开，而且开起来除了喇叭不响到处都响。这就是当时我国汽车工业落后状况的缩影。

改革开放后，党和国家决定从国外引进先进的汽车技术，但在与国外公司的谈判时就遇到了很多新问题。比如对方提出要搞"合资经营"，好比结婚，建立一个共同的新家庭。参与谈判的李岚清困惑了："你是大资本家，我是共产党员，怎么可能同你"结婚？"① 没想到，他们把进展情况上报后，党中央高度重视，邓小平亲自指示："合资经营可以办！"② 正是靠这种敢于承担的勇气，改革开放的实践才能够顺利踏入一个又一个从前想都不敢想的"禁区"，才能开创一个光明的新局面！

二、 "小球推动大球"， 开创要抓关键

开拓创新的实践往往发生在充满机遇和挑战的新领域。20 世纪70 年代，随着国际形势的变化，党中央审时度势，及时调整外交政策，采取了一系列机动灵活的措施，打开了对外关系的全新领域，开创了外交工作新局面，而中美关系是其中最关键的一道大门。

新中国成立后，中美关系长期处于对抗状态。1970 年 12 月 25 日，《人民日报》头版刊出毛泽东和斯诺这对老朋友在天安门城楼上的照片，以含蓄的方式向美国发出同意高层对话的信息。打开中美关系大门，似乎突然出现了转机。其实，这是整个国际形势发展变化的结果。在中、美、苏的外交关系中，美国认为改善中美关系可以增强

---

① 郑谦主编，吴国友著：《中华人民共和国史（1977－1991）》，人民出版社 2010 年版，第 180 页。

② 郑谦主编，吴国友著：《中华人民共和国史（1977－1991）》，人民出版社 2010 年版，第 180 页。

它同苏联抗衡的力量。我们也认识到中美之间存在巨大分歧，甚至未来依然存在分歧，但是中美关系可以成为存在分歧但不是敌人的关系，这样有利于逐步解决台湾问题，在国际交往中打开新局面。而打开双方关系的敲门砖，来自中国驻波兰大使馆的一份电报。

1969 年 12 月 3 日，在波兰首都华沙文化宫举办的南斯拉夫时装展览会上，美国驻波兰大使斯托塞尔看到中国代办雷阳离席，便尾随跟出，试图同雷阳搭话。不料，雷阳出会场后便坐进轿车，准备离开。斯托塞尔情急之下，不顾外交礼仪，一把拉住雷阳的翻译，用波兰语说，他得到华盛顿的指示，准备恢复同中国大使馆的联系。中方翻译有礼貌地答应代为转达后，便匆匆离去。美国之所以选择在华沙传达信息，是因为华沙一直是当时中美两国官方正式接触的地方。1955 年 8 月 1 日，第一次中美大使级会谈在日内瓦的国联大厦举行（后在华沙）。至 1967 年 3 月会谈中止，双方总共进行了 133 次会谈。到了 20 世纪 60 年代末，由于国内进入"十年动荡期"，第 134 次会谈被推迟至 1968 年 1 月初，会址仍是波兰政府提供的梅希里维茨基宫。直到 1970 年 1 月 20 日，中断近两年的中美大使级会谈才重新于中国驻波兰大使馆举行。1970 年 2 月 10 日，第 136 次会谈在美国大使馆举行，之后随着中美关系正常化进程的开始，中美共同决定不再使用华沙渠道，此次会谈成为中美建交前大使级会谈的最后一次。在中美长达 15 年的会谈中，中美关系中始终有一个无法回避的实质问题：台湾问题。这也是美方一直积极希望复交又刻意回避的关键问题。党中央在开拓外交新局面的同时，始终坚持基本原则，周恩来一直强调向美方特别是尼克松本人表明中方在这一问题上的立场。当考虑恢复中美华沙会谈的时候，他就对帮助实现中美接触的巴基斯坦大使表示："当前国际事务错综复杂，中美之间的关系也在变化。对美关系，中国的立场一是和平共处五项原则，一是美国一切武装力量从台湾和台湾海峡地区撤出去。"① 之后，美国经过多次试探和沟通，清楚地认识到，要打开中美关系大门，必须正视台湾问题，这是一个绕不过去的关键问题。随着毛泽东和斯诺在天安门合影的刊出，打开中美关系大门的条件逐渐成熟了。

1971 年，第三十一届世界乒乓球锦标赛在日本举行。3 月中旬，中国乒乓球队各项参赛工作准备完毕。14 日夜，周恩来召集外交部、国家体委等部门负责人会议，听取关于中国赴日参赛问题的汇报。当时，体委内部赞成不去的占多数，理由是得知国外有几股敌对势力想破坏中国队参赛，队伍的人身安全无法保障。但周恩来坚持应当参赛，并耐心阐明派队参赛的理由，他边说边用铅笔当场给毛泽东写报告，提出：此次出国参赛，已成为一次严重的国际斗争，我方提出"友谊第一，比赛第二"，即使输了也不要紧，但政治要占上风。写完后，他马上要秘书将报告发出。15 日，毛泽东的批示传到体委："我队应去""要一不怕苦，二不怕死"。3 月 28 日至 4 月 7 日，中国乒乓球队如期赴日参赛，一举荣获四项冠军，使世界乒坛为之震动。在短短几天时间里，中国运动员同美国运动员进行了友好接触，在日参赛的美国队向中方提出访华的请求。

毛泽东经过反复思考，在 4 月 7 日作出邀请美国乒乓球队访华的决定。很快，在日本的中国代表团正式向美方发出邀请。中国代表团负责人宣布这一富有象征性含义的消息后，立刻引起了巨大轰动，日

---

① 李颖：《共和国历史的细节》，人民出版社 2009 年版，第 186 页。

本各大报纸都在头版头条登出消息，报道中美之间的"乒乓外交"。一星期后，周恩来在北京接见美国乒乓球队代表团全体成员，他说："中美两国人民过去往来是很频繁的，以后中断了一个很长的时间。你们这次应邀来访，打开了两国人民友好往来的大门。"① 会见中，美国队员格伦·科恩向周恩来询问他对美国青年中流行的"嬉皮士"的看法，周恩来回答说："现在世界青年对现状有点不满，想寻求真理。青年思想波动时会表现为各种形式。但各种表现形式不一定都是成熟的或固定的。……按照人类发展来看，一个普遍真理最后总要被人们认识的，和自然界的规律一样，我们赞成任何青年都有这种探讨的要求，这是好事。要通过自己的实践去认识。但是有一点，总要找到大多数人的共同性，这就可以使人类的大多数得到发展，得到进步，得到幸福。"② 周恩来的好客、谦逊和睿智的风度，给第一次来到这块被认为是"神秘国土"的美国人以深刻印象，并引起了全世界舆论的关注。乒乓球这一"小球"，起到了推动全球国际形势变化的巨大效果，促进了中美建交的进程。

经过中美两国政府共同商定，尼克松总统于 1972 年 2 月 21 日访华。接待尼克松的各项准备工作由周恩来直接领导。这是中美关系史上美国总统第一次访华，是全世界关注的大事，在接待工作中，稍有疏忽就可能在国际上产生不利影响。周恩来首先对有关负责人明确规定了这次接待工作的基本原则：我们是主权国家，凡事不能触犯我国主权。对尼克松总统的接待，一定要反映出无产阶级的原则、作风和严格的纪律，一切事情有条不紊，实事求是，行不通的就改正，行得

① 刘武生：《周恩来的晚年岁月》，人民出版社 2006 年版，第 201 页。
② 刘武生：《周恩来的晚年岁月》，人民出版社 2006 年版，第 201 页。

通的就认真办好。对外宣传上注意不要夸大，不要过头。经周恩来确定，接待工作的总方针是"不冷不热，不亢不卑，待之以礼，不强加于人"。① 在与美方商讨尼克松访华的技术安排时，周恩来召集会议进行研究，原则同意美方提出的通过卫星转播尼克松在华活动实况，决定由中国政府出资买下供美方使用的通讯卫星，然后租给美方使用。对此周恩来这样解释说："在主权问题上，我们一点不能让。美方原来说他们自己带通讯设备，不要我们付费。我们说，这不行，我们是主权国家，我们买过来，租给你们用，你们付费。这样一方面维护了我们的主权，另外我们在跟他们使用时总能学到一点技术。"② 在任何时候，主权问题都不能马虎，越是开创外交工作的新局面，越要时刻捍卫主权立场，这也是外交工作开拓创新的一个重要核心原则。

2月21日中午，尼克松总统一行人乘专机抵达北京。当他走下舷梯和周恩来双手紧握时，全世界都看到了这一历史性的时刻。尼克松事后写道："当我们的手相握时，一个时代结束了，另一个时代开始了。"周恩来对尼克松说："你的手伸过世界最辽阔的海洋来和我握手——二十五年没有交往了啊！"下午，周恩来陪同毛泽东会见尼克松、基辛格。在一个多小时的会谈中，双方把此次中美高级会晤的基本方针都讲了，气氛认真而坦率。晚上，周恩来在人民大会堂为尼克松总统和夫人举行欢迎宴会。周恩来在祝酒词中说，尼克松总统应邀来访使两国领导人有机会直接会晤，谋求两国关系正常化并就共同关心的问题交换意见，这是符合中美两国人民愿望的积极行动，这在中美两国关系史上是一创举。中美两国的社会制度根本不同，在中美两国政

① 金冲及主编：《周恩来传（1898—1976）》（下），中央文献出版社2008年版，第1858页。
② 金冲及主编：《周恩来传（1898—1976）》（下），中央文献出版社2008年版，第1858页。

府之间存在着巨大的分歧。但是，这种分歧不应当妨碍中美两国在互相尊重主权和领土完整、互不侵犯、互不干涉内政、平等互利和和平共处五项原则的基础上建立正常的国家关系，更不应该导致战争。"我们希望，通过双方坦率地交换意见，弄清楚彼此之间的分歧，努力寻找共同点，使我们两国的关系能够有一个新的开始。"①

访华期间，尼克松同周恩来进行了 5 次会谈，他在重申美方处理台湾问题原则（只有一个中国、台湾是中国的一部分，不支持、不鼓励"台湾独立"，逐步实现从台湾撤军等）的同时，也强调美方在政治方面仍有困难，希望在他第二届任期内完成中美关系正常化。由于双方在台湾问题上存在分歧，直到 2 月 25 日下午，中美《联合公报》中关于台湾问题的措辞仍没有确定下来。这时，美方已在担心，如果公报不能发表，尼克松的访华成果便无法体现。在这种情况下，周恩来告诉美方：反正双方观点已经接近了，我们也报告了毛主席，说已商定要写最后从台湾撤军的问题，但还要设法用双方都能接受的最佳措辞表达。基辛格马上表示：我们十分欣赏中方所表现的慷慨和公正的精神。当晚，周恩来出席尼克松总统和夫人举行的答谢宴会。由于公报尚未定稿，不一定能够发表，周恩来在宴会致辞中只讲了中美之间的分歧，而没有讲共同点。2 月 26 日凌晨，双方对中美联合公报的内容基本谈定，经过一番文字推敲和修改后，在 27 日定稿。28 日，中美《联合公报》在上海发表。公报中美方关于台湾问题的措辞为："美国方面声明：美国认识到，在台湾海峡两边的所有中国人都认为只有一个中国，台湾是中国的一部分。美国对这一立场不提出异议。

---

① 刘武生：《周恩来的晚年岁月》，人民出版社 2006 年版，第 211 页。

它重申它对中国人自己和平解决台湾问题的关心。考虑到这一前景，它确认从台湾撤出全部美国武装力量和军事设施的最终目标。"

周恩来不久后谈道："这是中美会谈中争论最多的一段。从北京争到杭州，从杭州争到上海，一直到二十七日下午三时才达成协议。这段第一句话是基辛格贡献的，我们挖空心思也没有想出来。这样人民的意见也表达出来了，所以博士还有博士的好处。我们原来提'台湾是中国的一个省'，蒋介石也是这么说的，但美方坚持要改成'一部分'，因为他们国内有人反对。我们同意了，因为'一个省'和'一部分'是一样的。'美国对这一立场不提出异议'一句中的'立场'二字也是美方提出的。争论的一个关键问题是，我们要使它尽可能明确地承认台湾问题是中国人之间的问题。他们提种种方案，要我们承担和平解放台湾的义务，我们说不行，你这样希望可以。我们要他承担从台湾全部撤军为最终目标。有人问，'美蒋条约'为什么不写上？你写上废除'美蒋条约'，他就要写上保持'美蒋条约'义务，这就不利了。军事设施都撤走了还有什么'条约'？所以抓问题要抓关键性的，有些关键性措词要巧妙，使他们陷于被动，我们处于主动。尼克松上台前十七年，我们一直坚持两条原则，一个是在中美两国之间实行和平共处五项原则，一个是美国从台湾和台湾海峡撤军。这就等于取消了'美蒋条约'，让中国人民自己解决台湾问题。尼克松上台以后，情况有变化，时代也在前进。我们如果还是只有原则性，没有灵活性，就不能推动世界的变化。外电评论说，这个公报是个奇特的公报，双方的原则和立场截然不同，关于台湾问题的立场也不同，但也找到一些共同点。前面有十一个共同点。所以这个文件是过去没有过的，过去所有外交公报都没有把双方尖锐对立的立场写出来。我们把分歧写出来，在国际上创造了一个风格。"①

这份来之不易的中美《联合公报》的发表，标志着中美关系开始走向正常化，更意味着我国灵活应对国际形势变化，成功打开了一个更加光明宽广的外交新领域。而开创新局面的重要基础，正是中国共产党抓住核心问题的关键点，守住原则，灵活应对，在复杂多变的局势中迅速找到突破口，逐步打开新局面。

第三节　实践开拓创新要以人民为中心

开拓创新，要明确为了谁的利益、满足谁的需求、站在谁的立场。任何开拓创新的实践，总是在一定理念和立场的支配下进行的。百余年来，中国共产党带领人民消除贫困的实践，生动展示了党开拓创新实践的根本立场和核心理念。

中国共产党从"全心全意为人民服务"到"以人民为中心"，始终把人民放在最高位置。在习近平总书记的讲话中，"人民""人民群众"出现的次数最多、频率最高。他多次强调，"人民立场是中国共产党的根本政治立场""人民对美好生活的向往，就是我们的奋斗目标"。他要求党员干部"始终全心全意为人民服务，始终为人民利益和幸福而努力工作""利民之事，丝发必兴；厉民之事，毫末必去"。中国共产党开拓创新的实践，始终围绕党的性质、宗旨和使命，

---

① 金冲及主编：《周恩来传（1898—1976）》（下），中央文献出版社 2008 年版，第 1862—1863 页。

站稳人民立场，解决人民需求，使开拓创新成果为全体人民共享。

2021 年，中国共产党在成立一百周年之际，完成了一项举世瞩目的历史成就：取得脱贫攻坚战全面胜利。很多人都在共同探讨一个问题：中国共产党为什么"非要"消除贫困？贫困是一项世界难题，即使在很多发达国家，贫困率也始终居高不下。那么中国，这个世界上最大的发展中国家，似乎也可以对贫困问题听之任之。但是，中国共产党却把消除贫困作为执政的首要工作，不断开拓创新，想尽办法偏要解决这一世界性难题。那么，中国共产党为什么"非要"消除贫困呢？我们可以从党的性质、宗旨和使命三个方面理解这一问题。

一、 党的性质决定开拓创新实践的立场

政党就是指由一定阶级领导的并代表本阶级利益的社会政治组织，是特定阶级利益的集中代表者。中国共产党党章第一句话就表述了党的性质：中国共产党是中国工人阶级的先锋队，同时是中国人民和中华民族的先锋队，是中国特色社会主义事业的领导核心，代表中国先进生产力的发展要求，代表中国先进文化的前进方向，代表中国最广大人民的根本利益。

那么，什么是最广大人民的根本利益？我们可以从三个层面去理解。

一是人民的整体利益。人民的整体利益也就是大多数人的利益。因为每个人的利益诉求各不相同，要代表人民的利益，不能仅代表几个人或一小部分人的诉求，必须代表最广大人民的整体利益诉求。消除贫困，一直是中国人民的整体利益诉求。

在中国近代历史上，除了中国共产党之外，没有任何执政者能够有效引领人民开展脱贫行动，因为它们代表的都是统治阶级那一小部分人的利益。不管是封建统治阶级，还是资产阶级改良派、革命派，都没有提出满足广大人民整体利益诉求的政治主张，因此无法获得人民大众的广泛支持。

相反，中国共产党敏锐地找到了造成当时人民贫困的关键：土地问题，土地是中国农民赖以生存之本。于是，一场围绕废除封建土地制度、满足农民土地要求的开创性实践，成为中国共产党革命实践的重要主题。改变2000多年的土地制度，需要巨大的开拓精神和勇气，也需要创新的智慧和方法。

在新民主主义革命时期，党领导广大农民在根据地开展了轰轰烈烈的土地革命。依据不同阶段中国农村经济社会结构与发展状况，党制定了一系列与时俱进的、关乎农民与土地关系的法规，如1928年的《井冈山土地法》、1929年的《兴国土地法》，受到了广大农民的欢迎。"打土豪、分田地"，土地改革与民族解放相互促进，既壮大了民族解放力量，又在一定程度上改善了根据地、解放区农民的生活。新中国成立前，占乡村人口数不足10％的地主和富农占据着中国70％—80％的土地，生产资料和生活资料的极度匮乏成为导致农民贫困的重要原因。1950年6月，新中国颁布了首部具有基本法性质的《中华人民共和国土地改革法》，从法律上明确废除了在中国维持了2000多年的封建土地所有制。

中国共产党一百多年来，颁布了很多具有始创意义的土地法。1928年12月，毛泽东同志总结了一年来土地革命的实践经验，主持制定了中国共产党历史上第一部土地法——《井冈山土地法》。它开辟了新民主主义土地立法之先河，同时寓意封建土地制度在中国部分地区逐步走向瓦解。《兴国土地法》客观分析了中国社会的现实情况，将土地没收对象更正为公共土地和地主阶级土地，极大程度地调动了广大农民的积极性；1930 年，全国苏维埃区域代表大会通过了《土地暂行法》，吸收了《兴国土地法》的经验，"兴国经验"正式走向全国。《土地暂行法》主要解决了土地所有权的问题。至此，新民主主义革命时期有关土地的法制法规基本健全。1931 年 11 月，中华苏维埃第一次全国代表大会召开，会议通过的《中华苏维埃共和国土地法》明确规定了地主的土地和财产分给贫雇农和中农的政策，彰显了彻底的反封建要求，这部法律以其实施范围之广泛、影响程度之深远、实施时间之长久为后续土地革命的开展提供了扎实的基础与有力的保障。

中国共产党通过土地革命和土地改革，把土地还给了人民，有效改变了人民的贫困状况，真正做到了代表最广大人民的整体利益。

二是人民最迫切的利益。人民的诉求往往处于不同层面，有大有小，有缓有急，要代表人民的根本利益，必须先解决人民最迫切的问题。中国共产党刚成立时，中国人民的贫困问题十分突出。20 世纪二三十年代，中国有一半以上的人口生活在贫困线以下。这个数字触目惊心，深刻说明了尽快消除贫困是当时人民最迫切的利益诉求。

截至 2012 年，农村依然有近 1 亿的贫困人口。党的十八大后，经过不懈努力，5 年累计减贫 6600 万人以上，到 2017 年底，贫困人口还有 3000 万左右。从贫困县摘帽情况看，我国自 1986 年设立贫困县以来，经过 3 次调整，每次总量都是有增无减。直到 2016 年，有 28 个贫困县率先脱贫摘帽，第一次实现了贫困县总量的减少。2020

年底，贵州省宣布该省最后 9 个县退出贫困县序列，意味着国务院扶贫办确定的全国 832 个贫困县全部脱贫摘帽，全国脱贫攻坚目标任务已经完成。这些成绩体现了中国共产党伟大的开拓创新精神，体现了中国共产党人始终牢记奋斗的初心和使命。

三是人民深层次的利益。越表面的利益诉求，执政者越容易满足；越深层的诉求，满足起来难度就越大。比如扶贫，西方国家的扶贫主要以发放钱和物为主，只是满足贫困人群暂时的生存需要，使社会不至于产生大规模的饿死、病死等极端情况，但这种暂时性帮扶并不能为贫困人群提供发展能力，他们也就无法改变在社会生产结构中的地位。因此，这种扶贫没有解决人民最深层的利益诉求。

而中国的扶贫，十分注重创新扶贫模式，"输血"式的物质帮扶只是第一步，第二步是赋予人们能够与贫困做斗争的"造血"能力：注重调动贫困地区干部群众的积极性和创造性，注重发展贫困地区的科教文卫体等社会事业，注重发展贫困地区基础设施和特色产业，注重智力扶贫，努力增强贫困人口自我发展能力。

我们首先敢于"输血"。《纽约时报》曾报道，中国在 2016—2020 年 5 年内花费在扶贫上的资金达到 7000 亿美元。2016—2020 年，中央财政专项扶贫资金连续 5 年每年新增 200 亿元，2020 年达到 1461 亿元，2020 年同时又一次性安排综合性财力补助资金 300 亿元。除此之外，各级政府还会配套并引导更多地方财政资金、民间资金进入扶贫领域。还有另一个无法估计的付出是，数以百万计的扶贫人员不辞辛劳的努力和数以百计的扶贫英雄的牺牲。的确，扶贫工作中这种力度的"输血"是前无古人的，是没有任何政党和政府曾经做到过的。

但"输血"仅仅是第一步，更重要的是赋予贫困人口"造血"

能力，这就需要敢为人先的开拓创新精神。为了实现这一目标，中国共产党人身先士卒，带头奋战在扶贫工作第一线，数百万的党员扶贫干部带领人民为拔掉穷根而艰苦斗争。就像一位亲眼见证过中国扶贫工作的外国友人描述的那样：数十万专业的年轻人才遍布中国，以消灭农村贫穷。他们没有固定的计划，而是因势利导，不仅开设工厂，还发展旅游活动。而且，他们推进农业活动多样化，以确保农民收入持续性，他们连接农民和企业，企业向农民支付土地使用费、工时费和利润分成。所有的力量被调动起来，富裕地区支持贫困地区、城市支持乡镇、大企业支持小公司。正是这种全方位、全领域共同努力的帮扶，才使贫困人口逐渐具备足够的"造血"能力。中国坚持扶贫的最终目的是提高贫困人口的自我生存和发展能力，提升贫困地区的可持续发展能力，努力引导所有劳动人口自力更生、就业创业，进而真正摆脱贫困，解决人民脱贫最深层的利益诉求。

可见，消除贫困是一项涉及大多数人整体利益的工作，是一项一百多年来人民迫切希望解决的工作，更是一项涉及人民深层利益诉求的工作。因此，党的性质决定了它"非要"消除贫困的实践立场，而这种立场决定了党的所有开拓创新实践为了谁。

二、 党的宗旨决定开拓创新实践的态度

政党的宗旨就是一个政党存在的根本目的和意图。由于政党是特定阶级利益的代表，它存在的根本目的和意图必然是更好地为所代表的阶级利益服务。

中国共产党代表了最广大人民的根本利益，那么它应该如何为人

民的利益服务呢？党的宗旨明确指出：要全心全意为人民服务。什么叫全心全意？我们可以用三个词解释，就是义无反顾、不惜代价、想方设法。这三个词在脱贫攻坚战中体现得淋漓尽致，党的所有开拓创新实践都体现了"全心全意"四个字。

一是义无反顾，就是认定目标，勇往直前，毫不犹豫。中国共产党在脱贫攻坚战的决胜时刻，遭遇了突如其来的新冠疫情。根据2020年7月美国有线电视新闻网的一篇报道，受新冠肺炎疫情和几十年来最严重洪灾的叠加影响，中国很有可能无法完成脱贫攻坚任务。但令他们没想到的是，中国共产党不改计划，不找借口，坚持战"疫"不松劲，战"贫"不歇脚。即使受疫情影响严重的2020年，我们依然没有丝毫减少对扶贫工作的资金投入，保证了中央扶贫专项资金每年都有不同幅度的增长。

习近平总书记在脱贫攻坚表彰大会上讲道："我们把群众满意度作为衡量脱贫成效的重要尺度，集中力量解决贫困群众基本民生需求。我们发挥政府投入的主体和主导作用，宁肯少上几个大项目，也优先保障脱贫攻坚资金投入。8年来，中央、省、市县财政专项扶贫资金累计投入近1.6万亿元，其中中央财政累计投入6601亿元。打响脱贫攻坚战以来，土地增减挂指标跨省域调剂和省域内流转资金4400多亿元，扶贫小额信贷累计发放7100多亿元，扶贫再贷款累计发放6688亿元，金融精准扶贫贷款发放9.2万亿元，东部9省市共向扶贫协作地区投入财政援助和社会帮扶资金1005亿多元，东部地区企业赴扶贫协作地区累计投资1万多亿元。"①

---

① 习近平：《在全国脱贫攻坚总结表彰大会上的讲话》，人民出版社2021年版，第13—14页。

正是这种认定目标后义无反顾的坚持，中国共产党才能克服重重困难，全力保障脱贫攻坚各项工作有序开展，最终完成了消除绝对贫困的艰巨任务。

二是不惜代价，就是为了实现人民的利益，不吝惜付出任何成本。中国共产党在脱贫攻坚工作中付出的代价是史无前例的，很多开创性实践都体现了党为了实现人民利益不惜一切代价。脱贫攻坚中有很多有趣的数字，比如"351""180"，代表的是安徽省"健康扶贫"政策建立的医疗保障体系。

2016 年 4 月 24 日，习近平总书记在金寨县花石乡大湾村视察时强调指出："因病致贫、因残致贫问题时有发生，扶贫机制要进一步完善兜底措施，在医保、新农合方面给予更多扶持。"[1] 习近平总书记的讲话为当地的健康扶贫指明了方向。于是，就有了两组有趣的数字。具体来说，"351"就是贫困人口在县、市、省级医疗机构就诊，个人年度自付费封顶金额为 3000 元、5000 元和 1 万元，超过这个数字的，全部由政府兜底保障；"180"指的是患慢性疾病的贫困人口 1 年内医药费在"351"报销的基础上，剩余费用再报销80 %。2017 年至 2019 年 2 年间，仅安徽省金寨县一地，"351"政策就惠及近 3 万人，"180"政策惠及 15 万人。

这些超常规的兜底保障政策背后、这一串串数字背后，正是中国共产党为了实现人民利益可以不惜代价的坚定态度。

三是想方设法，就是为了人民的利益想尽一切办法。扶贫工作的关键是要"走心"，不怕费心。只要用心，办法总比困难多。这里的

---

① 张瑞敏：《中国共产党反贫困实践研究（1978—2018）》，人民出版社 2019 年版，第 283 页。

"用心"，关键就是要不断开拓创新，想尽办法为人民解决问题。

各国对扶贫的用心程度不同，扶贫效果也不一样。根据美国哥伦比亚广播公司 2020 年的报道，未来四年，新冠肺炎疫情叠加经济衰退将造成美国无家可归者的人数大约增加两倍①，即超过 110 万美国人将流落街头。作为世界上最大的粮食生产国和出口国，美国 2020 年有 5000 万人生活在饥饿中，这意味着 1/6 的美国人，其中有 1/4 是儿童，面临着食物匮乏问题②，面临粮食不安全的人数和去年相比增加了 1500 万，成千上百万的美国人必须仰赖慈善机构才能享用 2020 年底的感恩节大餐。即使这样，美国规定，失业救济金只能领取 6 个月，如果失业者在这之后还没有找到工作，就没有资格再领取失业救济金。富裕中的匮乏，更让人心酸。

相比之下，中国共产党在工作中非常重视创新扶贫开发路径，将扶贫方式由"大水漫灌"向"精准滴灌"转变。脱贫攻坚要取得实实在在的效果，关键是找准路子，抓重点、解难点、把握着力点，搞大水漫灌、走马观花、大而化之、"手榴弹炸跳蚤"肯定不行，必须在"精准"二字上下功夫、出实招、见实效，实现"精准滴灌"式的真扶贫、扶真贫。

我国精准扶贫的灵魂，是想尽办法帮助贫困户脱贫的"一户一策"制度。这一制度共为 12.8 万个贫困村、近 3000 万贫困户、9000 万贫困人口建档立卡，通过一对一帮扶实现了逐户脱贫。这是西方国家想都不敢想、更无法实现的伟大工作。可以说，中西两种扶贫方式差别的背后，正是为人民服务是否真正"走心"，是否敢于在减贫工作中开拓创

---

① Jessica Goodheart： "The Pandemic Recession Could Cause an Enormous Spike in Homelessness"，https：// www.fastcompany.com/90594670/the-pandemic-recession-could-cause-an-enormous-spike-in-homelessness.

② Mireya Villarreal： "More Than 50 Million Americans Facing Hunger in 2020, Projections Show"，https：// www.cbsnews.com/news/hunger-50-million-americans-2020-projections-show/.

新、真正为了人民早日脱离贫困想尽一切办法的根本区别。

所以，中国共产党全心全意为人民服务的宗旨，决定了它对待消除贫困这项工作，必须做到义无反顾的坚持、不惜代价的付出、想方设法的完成。可见，中国共产党的宗旨决定了它"非要"消除贫困的坚定态度。

三、 党的使命决定开拓创新实践的责任

政党的使命，就是政党给出的承诺，也是它肩负的历史责任。中国共产党坚持把消除贫困、改善民生、逐步实现共同富裕作为重要使命。围绕更好地肩负这种历史责任，党的开拓创新实践主要体现在三个方面。

一是领导人的以身作则。习近平总书记有着深厚的扶贫情节和强烈的扶贫责任。在早期基层工作中，他就已经得出了看真贫、扶真贫，精准扶贫，不能用"手榴弹炸跳蚤"等扶贫理念与方法。多年来，从一个生产大队的党支部书记到一个泱泱大国的最高领导人，他始终牵挂着贫困群众，关心和思考着扶贫工作。党的十八大以来，习近平总书记几乎走遍了我国最贫困的地区，把大量心血用在了打赢脱贫攻坚战、全面建成小康社会的伟大事业上。他经常回忆当年扶贫工作中的所见所闻：从当知青时看到农民要饭现象的心理触动到带领正定农村改革探索脱贫路，从走遍宁德所有乡镇的路途艰险到考察宁夏西海固地区极端贫困的震撼，从体会闽东"茅草屋""连家船"生活的破败不堪到带领福建各地脱真贫的真抓实干，我们可以深刻感受到他那份大爱无疆、心系苍生的扶贫情结，更能体会到他发自内心地希

望改变贫困地区面貌、实现革命先烈帮助人民脱贫的历史责任。

习近平总书记在谈到自己的主要工作时，说过这样一句话："扶贫始终是我工作的一个重要内容，我花的精力最多。"① 这看似平淡的一句话，却体现了国家当前最重要的工作。世界上没有哪个国家的领导人作出过这样的承诺，也没有哪个国家把消除贫困作为首要工作。习近平总书记花费大量的时间和精力推动脱贫攻坚，亲自挂帅、督战，在截至 2020 年底的 8 年中，他 7 次主持召开中央扶贫工作座谈会，连续 7 年在国家扶贫日出席重要活动或作出重要指示，连续 7 年在新年贺词中强调脱贫攻坚。他调研了 50 多次扶贫工作，走遍了全国 14 个集中连片特困地区，考察了 20 多个贫困村，深入贫困家庭访贫问苦，面对面同贫困群众聊家常、算细账，亲身感受脱贫攻坚带来的巨大变化，极大鼓舞了群众脱贫致富的信心和决心。习近平总书记在扶贫工作中的身体力行，为各级党员干部树立了榜样。他对进驻脱贫攻坚第一线的党员扶贫干部强调说："要把深度贫困地区作为锻炼干部、选拔干部的重要平台。扶贫干部要真正沉下去，扑下身子到村里干，同群众一起干，不能蜻蜓点水，不能三天打鱼两天晒网，不能神龙见首不见尾。"②

二是落实各级党组织的责任。有了最高领导人的以身作则，各级党组织和广大党员干部都坚持奋战在脱贫攻坚一线。空喊口号、做表面文章，是啃不下脱贫攻坚这块硬骨头的。为此，中国共产党从 2013 年开始向贫困村选派第一书记，同时明确了责任标准，比如将党政干部派驻基层建设软弱的村庄、经济干部派驻条件穷苦的村庄、政法干

---

① 《十八大以来重要文献选编》（中），中央文献出版社 2016 年版，第 719 页。
② 习近平：《在深度贫困地区脱贫攻坚座谈会上的讲话》，人民出版社 2017 年版，第 18 页。

部派驻治安混乱的村庄、科技干部派驻特色产业的村庄等。截至 2020 年底，全国累计选派 25.5 万个驻村工作队、300 多万名第一书记和驻村干部。广大扶贫干部舍小家为大家，同贫困群众结对子、认亲戚，常年加班加点、任劳任怨，困难面前豁得出，关键时候顶得上。他们爬过最高的山，走过最险的路，去过最偏远的村寨，住过最穷的人家，哪里有需要，他们就战斗在哪里。

各级党员扶贫干部身上责任重大，对此也有明确的奖惩机制。当前，打赢脱贫攻坚战已进入高质量发展阶段，更需要树立赏罚分明的导向，激励广大干部担当作为的主动性与积极性。在实际工作中，各级有关部门要坚持正向奖励与反向惩戒相结合，物质鼓励与精神鼓舞相结合，锻造每一位扶贫干部初心如磐、使命在肩的责任感。对于作出突出贡献的干部，要精准考察识别，予以表彰提拔，为脱贫攻坚事业储备实干后备军，在党员干部中形成"想干事、能干事"的浓厚氛围，而对于敷衍了事、拖延进度的行为要严肃追责、严格惩处，真正做到奖罚分明。同时，也要用奖惩制度提升乡镇领导干部的脱贫能力。比如，第一书记是脱贫攻坚战强基固本、加强基层党组织建设的"第一责任人"，其首要任务就是发挥基层党组织在脱贫攻坚中的战斗堡垒作用。在脱贫攻坚战中，很多地区不断探索有关第一书记奖惩管理的实践路径。广西柳城县客观评估提前或如期完成脱贫任务的贫困村，对选派的第一书记则参照乡镇同职级干部给予适当提高年终绩效奖励比例，优先推荐提拔晋升职务。从 2015 年到 2017 年 2 年间，就有 1.9 万名第一书记因工作突出受到嘉奖，有 3.6 万人得到提拔晋升。同时，仅福建、云南等 4 省，2 年中就调整召回了 7000 余名不胜任的第一书记。可见，在奖惩机制的引导下，各级党组织与第一书记逐渐厚植起真抓实干的扶贫精神，他们在脱贫攻坚前线冲锋陷阵，为脱贫攻坚提供了坚强的组织保障。

三是落实每一位党员身上的责任。千千万万战斗在扶贫一线的中国共产党党员，用实际行动诠释了开拓创新、勇挑重担的初心使命。

吴应谱和樊贞子夫妇是一对"90后"党员扶贫干部，他们是2018年牺牲在扶贫路上的。2018年12月16日，他们从贫困户家返回途中，因车辆落水不幸遇难，这天是他们新婚的第四十天。一周前，樊贞子刚幸福地跟妈妈说，自己怀孕了。他们一个28岁、一个23岁，就这样永远定格在扶贫路上，只留下了8本密密麻麻的扶贫工作日志。在全国脱贫攻坚表彰大会上，总共评选出了1981名"全国脱贫攻坚先进个人"，吴应谱和樊贞子是唯一一对牺牲的夫妻。樊贞子的弟弟代姐姐姐夫接受了表彰，他多么想亲自告慰至亲："姐姐、姐夫，老乡们的日子越过越好，脱贫攻坚战终于胜利了！"

这两位优秀的青年扶贫干部，用实际行动诠释了以开拓创新、想尽办法的态度帮扶贫困户实现脱贫。2017年，吴应谱第一个递交了申请书，主动奔赴江西修水县的深度贫困村雅洋村担任第一书记。刚到一个星期，村支部书记王诗勇就发现了吴应谱的一个小秘密：他在随身携带的笔记本上画了一张地图，将全村60户贫困户的情况在上面标得一清二楚，姓什么叫什么、贫困原因、贫困程度、家庭成员、亟须解决的问题，甚至家庭成员的性格、左右邻居是谁，他都记录了下来。"对贫困户了解有多透，帮扶就能有多准。"这是吴应谱常说的话。王诗勇见到了这个"90后"第一书记在扶贫工作中的很多创新办法，对他逐渐充满敬意。吴应谱十足的工作劲头，还体现在努力用真心、真情去帮扶困难群众。吴应谱走了两三年后，他当年帮扶的村民还清楚地记得他的电话号码，总感觉打个电话过去，吴书记就会出现在眼前。为了加强村里基础产业的建设，切实提高脱贫能力，吴应谱上任后，先后尝试养蜂业与种药材，但实际结果却不尽如人意。吴应谱和村两委班子不断开展调查研究，因地制宜，最终把目光瞄准了蚕桑业。找到发展新路径后，吴应谱立刻着手落实，加班加点在办公室查资料、写材料、打报告。在吴应谱生前的电脑里，还保存着一份他本人所写的雅洋村发展蚕桑产业"六统两奖两优先"方案和入社协议书。如今，雅洋村的蚕桑种植面积已有 200 多亩，村里还建起了4000 平方米的养蚕大棚、30 亩的小蚕基地。2020 年，村里养了 6 批蚕，收入超过 30 万元，雅样村在吴应谱为村民开创设计的致富之路上行稳致远。吴应谱的扶贫实践生动诠释了在扶贫工作中如何根据实际情况进行开拓创新，更证明了开拓创新未必都是兴师动众的"大手笔"，而应更多地体现在关注人民日常需求细枝末节的"小本本"上。

樊贞子家庭条件比较优渥，之前很少体验农村生活，但她响应党的号召，勇挑重担，主动选择去最远最难的大杨村担任驻村干部。以前，樊贞子从不问家里多要钱；工作以后，她反而经常偷偷地向爸爸寻求支持。她的父亲回忆道："有一回，她从我这里要走了 5 万元，后来才知道，她捐给了一个助学基金。她工作以后，我一次给她卡上打了 10 万元，到她牺牲时，卡上连带她的工资总共只剩 3 万多元。她自己是不怎么花钱的，这些钱大部分都被她拿去帮助贫困户了。"80 多岁的游承自老人是樊贞子生前最牵挂的帮扶对象。樊贞子鼓励老人多养鸡，并在自己的朋友圈帮忙"带货"卖鸡，把电商助农之路引入帮扶户，让创新方法切切实实地服务群众。此外，她还帮助游承自老人申请资金重新建房。在樊贞子的努力下，水泥路通到了游承自家门口，一家人也住进了宽敞明亮的新房。遇难那天，樊贞子还和丈夫吴应谱去拉扶贫户家养的鸡，并叮嘱父亲："我卖不完的你包销哈，45元一斤。"父亲说："不是35元吗？""哎呀，让游爷爷多赚一点嘛。"这是女儿对父亲说的最后一句话。夫妻二人乘坐的遇难车辆被打捞上岸时，后备箱弹了开来，里面掉出来3只准备帮贫困户卖掉的鸡，还有几本扶贫资料。夫妻二人的扶贫实践，始终用为人民排忧解难的真心换贫困群众信任依靠的真情，诠释了任何开拓创新都是方法，但方法管不管用、人民接不接受、减贫目标能不能实现，最终取决于扶贫工作是否真正站在人民的立场、是否真心为了人民。

截至2020年底，有1800余名党员扶贫干部牺牲在脱贫攻坚第一线。仅2019年一年，几乎每个月都有党员干部牺牲在扶贫一线：1月，湖北恩施市扶贫工作队员向明；2月，云南勐腊县扶贫工作队员盛铖，曲靖市会泽县扶贫干部熊成富；3月，广西都安扶贫干部黄吉安；4月，云南扶贫干部李文芝、潘明、黄吉林；5月，大理扶贫干部张瑜、王文涛；6月，广西扶贫干部黄文秀、张华、陈鹏；7月，云南扶贫干部郭彩廷；8月，云南文山州扶贫干部王永帅；10月，舟曲县扶贫干部张小娟，普洱市扶贫干部董剑波，怒江州扶贫工作队员和晓宏；11月，昭通市扶贫干部王才华；12月，甘孜州德格县扶贫干部拉巴泽仁、袁剑，金平县扶贫干部李兴勇，都安瑶族自治县扶贫干部黄景教。他们每一位都是脱贫攻坚事业的开拓者，都是中国扶贫模式的创新者。

正是每一位党员扶贫干部在扶贫工作中的尽职尽责，换来了我国8年减少近1亿贫困人口、提前10年实现联合国可持续发展议程确定的减贫目标，14亿人一个不少地迈入了小康生活！

第四章

制度开拓创新

坚持制度开拓创新，是中国特色社会主义制度在中国始终保持生机与活力的不竭力量之源。党的百年奋斗史就是一部党在革命、建设、改革和新时代各个历史时期不断进行制度开拓创新的历史。纵观党的四个伟大历史时期，从新民主主义革命时期开创的农村革命根据地建设，到社会主义革命和建设时期确立的社会主义基本制度，再到改革开放和社会主义现代化建设新时期确立的社会主义市场经济体制，以及新时代的中国特色社会主义制度更加成熟更加定型，这一系列丰硕的制度成果，都离不开党对制度开拓创新的高度自觉，离不开党在任何时期对"两个结合"的认真贯彻，更离不开党对社会主义建设规律的深刻把握。

好制度绝不是纸上谈兵，而是要用在实践中。在中国共产党的领导下，社会主义制度植根中国大地，经过不断发展，形成了中国特色社会主义制度，并展示出强大的生命力和巨大的优越性。这一系列持续进行的制度开拓创新，主要体现在三个方面。

一是坚持务实管用的制度才是好制度，始终坚持直面问题、打破桎梏、解决问题的创新原则。

二是坚持永远处在改革进行时，不断推进改革进度、加大改革力度、保持改革强度，以保证制度活力，让制度永远"管用"。

三是坚持脚踏实地地落实。再好的制度也需要时间认同。中国共产党不断创新治理模式、管理办法，努力使人民满意，始终发展为人民认同的制度！

第一节 务实管用的制度才是好制度

制度不在多，而在精，在务实管用。只有确保每项制度都立得住、行得通，不流于形式，中国特色社会主义的巨轮才能更好地向前航行。

一、 社会主义也能搞市场经济

好的制度不会因循守旧，因为只有不断推陈出新才能应对变局、开拓新局。中国共产党通过对社会主义市场经济理论的创新性阐发，提出市场经济不是资本主义的专利，社会主义也可以搞市场经济，从而确立了社会主义市场经济体制，打开了我国经济、政治、社会发展的新局面。

社会制度和经济模式之间是否存在必然联系，一直是困扰党和国家的重要理论问题。长期以来，人们普遍认为社会主义与资本主义、公有制与私有制、计划经济与市场经济和市场机制之间是对抗关系，没有任何兼容共处的余地。受这些思想的禁锢，中国的经济改革始终笼罩在"市场恐惧症"的阴影之中，特别是20世纪八九十年代中期，改革进程时断时续，遭遇重重阻力和干扰。一部分人坚持"政府计划无所不能的高明论"，认为市场靠不住。另一部分人起劲鼓吹苏东事件是"改革"引起的，他们觉得和平演变的主要危险来自经济领域，改革开放必然也会导致中国滑向资本主义。这些议论深刻反映了当时社会思想的混乱，表达了人们对继续深化改革的忧虑。甚至是，经济特区一度被指责为和平演变的温床，股份制改革试点被指责为私有化潜行，企业承包被指责为瓦解公有制经济，引进外资被指责为甘愿做外国资产阶级的附庸。

为了端正对计划和市场的认识，1990年12月24日，邓小平在同中央几位负责同志谈话时说："我们必须从理论上搞懂，资本主义与社会主义的区分不在于是计划还是市场这样的问题。……不要以为搞点市场经济就是资本主义道路，没有那么回事。计划和市场都得要，不搞市场，连世界上的信息都不知道，是自甘落后。"①

根据邓小平的谈话精神，1991年，上海《解放日报》在头版重

①《邓小平文选》第三卷，人民出版社1993年版，第364页。

要位置连续发表了四篇署名为"皇甫平"的文章:《做改革开放的"带头羊"》《改革开放要有新思路》《扩大开放的意识要更强些》《改革开放需要大批德才兼备的干部》。其中,《改革开放要有新思路》一文写道:"解放思想决不是一劳永逸的。就以计划和市场的关系而言,有些同志总习惯于把计划经济等同于社会主义,把市场经济等同于资本主义,认为在市场调节背后必然隐藏着资本主义的幽灵。随着改革的深化,越来越多的同志开始懂得:计划和市场只是资源配置的两种手段和形式,而不是划分社会主义和资本主义的标志,资本主义有计划,社会主义有市场。"[①] 文章围绕解放思想,宣传了邓小平最新的改革开放思想。这些文章发表后,在国内外、党内外引起了强烈的反响。同年4月,新华社《半月谈》杂志发表评论,公开支持改革开放,反对那些任意进行"姓社还是姓资"的诘难。但是,这些表态并没有平息一些国内媒体对这一问题的质疑。直到党的十四大明确提出要建立社会主义市场经济体制,才为"姓社姓资"问题的争论画上了句号。

1992年邓小平的南方谈话进一步论述了计划和市场的问题,实际上是在中国继续改革的总体设计上明确了社会主义市场经济的改革方向。以此为标志,我国改革开放和现代化建设事业进入了一个新的发展阶段。有人说,南方谈话是邓小平的"天鹅之舞",南方谈话开启的新时代是经济体制上脱胎换骨的时代,比起20世纪80年代的改革,南方谈话更加全面地改变了中国的面貌,因为它在经济体制上对中国进行了重造。

[①] 苏星主编:《邓小平社会主义市场经济理论与中国经济体制转轨》,人民出版社2002年版,第47页。

　　任何思想的形成都是一个不断积累、长久思索、不断创新的过程。根据现有资料可以知道，邓小平关于运用市场手段激发社会经济活力的思想最早萌芽于 1978 年底。我国著名经济学家吴敬琏认为："邓小平同志为 1978 年 12 月中央工作会议闭幕讲话所准备的手写提纲中，就有'自主权与国家计划的矛盾，主要从价值法则、供求关系（产品质量）来调节'这一条。显然，这里已经孕育了市场经济思想的萌芽。"[1] 1979 年 11 月 26 日，邓小平在与美国不列颠百科全书出版公司编委会副主席吉布尼会面时，就明确说道："说市场经济只存在于资本主义社会，只有资本主义的市场经济，这肯定是不正确的。社会主义为什么不可以搞市场经济，这个不能说是资本主义。"[2] 1982 年 10 月 14 日，邓小平在同国家计委负责同志的谈话中指出，我们的经济体制"缺点在于市场运用得不好，对经济搞得不活"[3]。1987 年 2 月 6 日，邓小平同中央几位负责同志谈话时进一步明确指出："为什么一谈市场就说是资本主义，只有计划才是社会主义呢？计划和市场都是方法嘛。只要对发展生产力有好处，就可以利用。它为社会主义服务，就是社会主义的；为资本主义服务，就是资本主义的。好像一谈计划就是社会主义，这也是不对的，日本就有一个企划厅嘛，美国也有计划嘛。我们以前是学苏联的，搞计划经济。后来又讲计划经济为主，现在不要再讲这个了。"[4] 经过十三年多的反思和积极探索，才有了南方谈话，才有了党的十四大明确提出的"社会主义市场经济体制"。

　　进入新时代，以习近平同志为核心的党中央不断完善和发展社会

---

① 冯国权、任立亚主编：《美丽中国梦》，人民出版社 2013 年版，第 110 页。

② 《邓小平文选》第二卷，人民出版社 1994 年版，第 236 页。

③ 《邓小平经济理论学习纲要》，人民出版社 1997 年版，第 49 页。

④ 《邓小平文选》第三卷，人民出版社 1993 年版，第 203 页。

主义市场经济体制。习近平总书记在指导全面深化改革工作中提出，"建立社会主义市场经济体制的改革目标，这是我们党在建设中国特色社会主义进程中的一个重大理论和实践创新，解决了世界上其他社会主义国家长期没有解决的一个重大问题"，① 这为在新的时代条件下更好地去把握社会主义制度与市场经济之间的关系提供了根本遵循。党的二十大也对更好地建设社会主义市场经济体制作出了最新的指示，"构建高水平社会主义市场经济体制"②。这进一步明确了我国的社会主义市场经济体制未来的发展方向。新征程上，正确处理好社会主义与市场经济之间的关系，不断完善社会主义市场经济体制，可以为我们更好地实现全体人民共同富裕和第二个百年奋斗目标夯实经济基础。

二、"一国"也可以搞"两制"

"一国两制"是植根中国大地，具有浓厚中国政治文化底蕴，体现主权、和平、包容与开放精神的国家制度体系。它是中国共产党的伟大创举，是中国特色社会主义的伟大的制度创新，而且为国际社会解决类似问题提供了全新选择，是人类政治文明史上前无古人的伟大创举。

"一国两制"是"一个国家、两种制度"的简称，是指在一个统一的国家之内，国家主体实行社会主义制度，个别地区依法实行资本

① 《习近平谈治国理政》第一卷，外文出版社 2018 年版，第 94 页。
② 习近平：《高举中国特色社会主义伟大旗帜　为全面建设社会主义现代化国家而团结奋斗——在中国共产党第二十次全国代表大会上的报告》，《人民日报》2022 年 10 月 26 日。

主义制度。2017 年习近平总书记在庆祝香港回归祖国 20 周年大会上的讲话中说道："'一国两制'是中国的一个伟大创举，是中国为国际社会解决类似问题提供的一个新思路新方案，是中华民族为世界和平与发展作出的新贡献，凝结了海纳百川、有容乃大的中国智慧。"①

（一）台湾问题

台湾自古以来就是中国的神圣领土，台湾人民与大陆人民有着悠久的、共同的历史文化，有着不可分割的血肉联系。1949 年蒋介石集团退守台湾，人为地造成了台湾与祖国大陆分离的局面。当辽沈、淮海、平津三大战役的硝烟还没有消退的时候，以毛泽东为代表的中国共产党人就提出了"中国人民一定要解放台湾"的口号，并积极寻找实现台湾回归祖国的途径。

1956 年春，毛泽东委托章士钊转了一封中共中央致蒋介石的信，信中提出了一系列和平统一台湾的具体方法，这些主张就是后来人们熟悉的"一纲四目"。"一纲四目"提出时：国际上，正值美苏两个超级大国"冷战"时期；国内，我国正在进行社会主义改造，并且已经取得了显著的成就。而此前，美国强行将军舰开到台湾海峡，企图再一次分裂中国，这一不耻行径受到了海峡两岸同胞的强烈谴责。正是在这一背景下，"一纲四目"作为回应和平统一台湾、避免国家分裂的人民呼声应运而生，成为当时处理海峡两岸关系的一大遵循，也成为国家对台政策由"祖国统一"向"和平统一"的转折点，初步闪耀着"一国两制"伟大构想的光辉印记。1956 年 6 月 28 日，周恩

---

① 习近平：《在庆祝香港回归祖国二十周年大会暨香港特别行政区第五届政府就职典礼上的讲话》，人民出版社 2017 年版，第 5 页。

来在第一届全国人民代表大会第三次会议上的报告中进一步提出要以和平的方式解决台湾问题，他说："中国人民解放台湾有两种可能的方式，即战争的方式和和平的方式；中国人民愿意在可能的条件下，争取用和平的方式解放台湾。毫无疑问，如果台湾能够和平解放，那么，对于我们国家，对于我们全体中国人民，对于亚洲和世界的和平，都将是最为有利的。"① 这一时期，在台湾问题上，领导人一直力求以和平的方式解决问题，形成了"和平解决争端"的基本思路，但由于当时外部势力的干涉等，这一主张没有实行。

1972 年 2 月，美国总统尼克松访华，中美关系迅速破冰，中国迎来了"建交热"，这也成为和平解决台湾问题的关键点。1979 年 1 月 1 日，全国人民代表大会常务委员会发表了《告台湾同胞书》，郑重地宣布了中国共产党"在解决统一问题时尊重台湾现状和台湾各界人士的意见，采取合情合理的政策和办法，不使台湾人民蒙受损失"②，引发了海内外同胞的热烈反响。这为日后提出"一国两制"的基本国策提供了和平的国际环境和舆论支持。

正是在这样的国际国内背景之下，邓小平同志于 1981 年 8 月 26 日提出了"一国两制"的伟大构想。"'一国两制'是指在一个中国的前提下，国家的主体坚持社会主义制度，香港、澳门、台湾保持原有的资本主义制度长期不变。"③ 这一伟大构想也成为日后国家领导人对台政策的基本遵循，也得到了国内外爱好和平，渴望实现祖国统一的爱国人士的一致认可和高度赞同。

---

① 《周恩来选集》（下卷），人民出版社 1984 年版，第 200 页。
② 《胡锦涛文选》第三卷，人民出版社 2016 年版，第 186 页。
③ 《"一国两制"在香港特别行政区的实践》，人民出版社 2014 年版，第 3 页。

1993 年 8 月中国政府发表的《台湾问题与中国的统一》和 2000 年 2 月发表的《一个中国的原则与台湾问题》白皮书，都再次重申了"一个中国原则"，系统、完整、准确地阐述了中国对台实行"一国两制"的基本国策，表达了和平统一的人民心愿和时代呼声。

进入新时代，以习近平同志为核心的党中央，一如既往地在对台问题上坚持"一国两制"的基本国策。2022 年 8 月 10 日，国务院台湾事务办公室发表了《台湾问题与新时代中国统一事业》白皮书。这是中国共产党在新的历史方位上，将台湾问题与新时代发展统一起来的政治宣言。白皮书紧紧围绕着"一国两制"和平统一的基本国策，从历史事实和法理事实再次重申了"台湾是中国的一部分不容置疑也不容改变""中国共产党坚定不移推进祖国完全统一"；从"两个大局"复杂多变的形式出发指出："祖国完全统一进程不可阻挡""在新时代新征程上推进祖国统一""实现和平统一后的光明前景"[1]。这就向国内外一切爱好和平、支持海峡两岸和平统一的人民表明了中国共产党实行"一国两制"的基本国策不会变，中国共产党实现和平祖国统一的历史愿望不会变，以及中国共产党粉碎任何外部势力干涉祖国统一大业的决心和勇气不会变。

"一国两制"的科学构想是中国共产党人不断探索解决台湾问题的结晶，它内在地包含着用和平方式解决国家统一问题，一国内两种制度长期并存、国家主体部分和港澳台互相补充共同发展，是中国特色社会主义的重要组成部分，是科学社会主义发展史上从未有过的理论学说，是马克思主义国家学说与中国具体实际相结合的制度性成

---

[1]《祖国完全统一进程不可阻挡》，《人民日报》2022 年 8 月 12 日。

果。这一方针的提出，丰富了中国特色社会主义制度体系，对打破两岸历史隔绝、促进两岸人民交流起到了重大的作用。

（二）香港问题

"一国两制"的科学构想虽是为解决台湾问题设计的，但首先在香港、澳门问题上得到成功实践。

1842年8月29日，清政府被迫与英国签订了中国近代史上第一个不平等条约——《南京条约》，割让了香港岛。1860年清政府又被迫签订《北京条约》，割让了九龙半岛南端即今界限街以南的地区。1898年在甲午战争后帝国主义掀起的瓜分狂潮中，英国人逼迫清政府签订《展拓香港界址专条》，强行租借九龙半岛及其附近岛屿，租期为99年，1997年6月30日期满。上述三个条约都是侵略战争的产物，在国际法上是无效的。中华人民共和国成立后，中国政府的一贯立场是：香港是中国的领土，中国不承认帝国主义强加的三个不平等条约，主张在适当时机通过谈判解决这一问题。

1949年初，斯大林派苏共中央政治局委员米高扬与毛泽东等中共领导人交流新中国政权建设问题，其中就包括香港问题。毛泽东说，目前中国还没有解放所有的领土，"海岛上的事情就比较复杂，须采取另一种较灵活的方式去解决，或者采用和平过渡的方式，这就要花费较多的时间。在这种情况下，急于解决香港、澳门问题，也就没有多大意义了。相反，恐怕利用这两地的原来地位，特别是香港，对我们发展海外关系、进出口贸易更为有利"[1]。

---

[1]《中共党史重大事件述实》，人民出版社1993年版，第36—37页。

1979年3月下旬，香港总督麦理浩访华。3月29日，邓小平会见他时谈到了中国政府对香港问题的立场和态度。邓小平说："我们历来认为，香港的主权属于中华人民共和国，香港又有它的特殊地位，将来谈判解决香港问题时，前提是香港系中国的一部分。但我们将把香港作为一个特殊地区来处理，在相当长的期限内，香港还可以搞资本主义，而我们搞我们的社会主义。请所有的外国投资者放心，怎么变都不会影响外国投资者的利益。"①

1982年9月22日，英国首相撒切尔夫人到访中国，就香港的主权和治权问题与邓小平进行了长时间会谈。经过22轮谈判，1984年12月，中英两国政府正式签署关于香港问题的联合声明，确认中国政府于1997年7月1日对香港恢复行使主权。至此，中英两国政府为时2年的关于香港问题的谈判圆满结束。

撒切尔夫人赞扬中国领导人对双方谈判采取的高瞻远瞩的态度，并盛赞"一国两制"。她说"一国两制"是解决香港问题的关键，是中英两国在香港问题上达成共识的关键。"一国两制"在香港地区的实施不仅没有造成政治动荡，而且有效保证了香港的繁荣稳定。

民意不可违，大势不可挡。党的十八大以来，习近平总书记从战略高度与全局广度就"一国两制"和推进祖国统一事业上提出一系列新理念新思想新战略，为做好港澳工作指明了方向。同一个时期内，由于内外不法势力煽动，"反中乱港"活动猖獗，"修例风波"的阴霾笼罩着香港乃至全国人民，香港二十余载的和平稳定局面受到了回归祖国以来最为严峻的挑战。在此危急情势下，党中央科学研判、有

---

① 武市红、高屹主编：《邓小平与共和国重大历史事件》，人民出版社2000年版，第344页。

序部署，坚持以法治为基本点展开相关工作。由此，进一步完善发挥"安民之基、治港之本"作用的《中华人民共和国香港特别行政区基本法》、《中华人民共和国香港特别行政区维护国家安全法》和新选举制度相继出台，"爱国者治港"原则深度实施，公职人员宣誓制度落地生根。《中华人民共和国香港特别行政区维护国家安全法》于2020年6月30日由十三届全国人大常委会第二十次会议正式通过，该法以香港居民合法权益为根本出发点，明确了尊重和保障基本人权的原则，切实保护香港居民在香港基本法有关规定内享有的自由权，如言论、新闻、出版自由以及集会、游行、示威等活动的自由。除此之外，这部法律补充修改了香港现有法律的纰漏之处，尤其是对属于妄图分裂国家、颠覆国家政权、恐怖活动、勾结外国或者境外势力危害国家安全等四类犯罪行为进行了清晰界定。由此可见，《中华人民共和国香港特别行政区维护国家安全法》旨在严惩极少部分违法分子，保护绝大多数香港民众，实现了有效维护国家安全和充分保障人民自由之间的良性平衡。据新华社数据统计："2019年、2020年，香港发生的罪案数分别同比增长9.2%、6.8%。而到了2021年第一季度，罪案数同比下降约10%。"而就新闻自由来说，目前登记在特区政府新闻处新闻发布系统内的本地、海外以及网上媒体，分别有93、69及39家，比2020年有增无减。① 如今，《中华人民共和国香港特别行政区维护国家安全法》已顺利实施两年有余，成为"一国两制"事业的重要里程碑。事实雄辩地证明：从昨天到今天，从今天到未来，香港与内地已是牢不可破的命运共同体；而在党中央的举旗定向

---

① 《拨乱反正开新篇——"数说"香港国安法一年间》，新华网2021年7月9日。

中，在《中华人民共和国香港特别行政区维护国家安全法》的保驾护航下，香港这颗东方之珠必将重放光明、愈加闪耀。

完成统一祖国大业是全体中国人民的共同心愿，按照"一国两制"实现中国和平统一符合中华民族根本利益。中国共产党运用"一国两制"的科学构想，把国与国之间和平解决争端的原理运用于解决主权国家的内部统一问题上，在维护国家主权的原则下，以高度灵活的互惠哲学构建了具有创造性的制度，为解决国家间以及国家内部统一问题贡献了中国智慧和中国方案，是中国共产党持续推进制度创新的重要显现。

第二节　好制度永远处在改革进行时

唯改革者进，唯创新者强，唯改革创新者胜。只有顺应变革，与时俱进，才能永葆生机。中国特色社会主义建设之所以取得举世瞩目的成就，与共产党人在各个领域坚定不移地推进和深化改革是分不开的，与中国特色社会主义制度的持续开拓创新是分不开的。

一、从双轨制到价格改革闯关

改革开放以前，我国长期实行计划经济体制，一切商品的价格由国家决定，"计划是一，价格是二"被长期奉为政策准则。随着改革开放大幕的拉开，市场被引入到经济生活中来，这也就意味着价格也必须回到市场中形成，否则就没有市场竞争和经济活力可言。为此，必须撬开计划经济严丝合缝的外壳，跨越横亘在中国改革面前难以逾越的"卡夫丁峡谷"。改革就是要解放生产力，一切束缚生产力发展的东西都是改革的对象。因此，对束缚生产力发展的价格体系的改革就是一次开拓创新。1988 年 1 月 1 日，《人民日报》发表的《迎接改革的第十年———一九八八年元旦献词》的社论指出："新的一年的最突出的特点是改革将在更深的层次和更广的领域展开。"① 此时，一个不得不过却又异常困难的关口已经摆在中国改革的道路前。

在改革突飞猛进的大背景下，1984 年 9 月在浙江省德清县莫干山召开了首届全国中青年经济科学工作者讨论会，与会者分别就价格、农村等问题进行了激烈讨论，其中关于价格改革的讨论和建议被中央采纳，价格双轨制这项经济政策正式诞生。所谓"双轨制"，是指同一种商品实行国家统一定价和市场调节价并存的价格管理制度，即一种商品两种价格，并且市场价高于计划价。价格双轨开中国经济体制改革风气之先，这种看似"温和"、渐进的路径，并非对计划经济体制的不舍，而是一场坚决彻底的告别，它不仅避免了价格一次性放开给经济带来的巨大冲击，也给非国有经济的发展注入新的活力。由此，资源配置向生产效率更高、产品更适销对路的企业倾斜，乡镇企业通过向计划外市场购买生产资料快速成长起来。

改革从来都不是一件容易的事，价格双轨制在实践中也产生了一系列问题，倒买倒卖现象的大量出现就是其中的重要表现。尽管国家三令五申，严禁计划内物资在市场出售，但在高额的经济利益诱惑下，一些生产厂家会千方百计地少生产计划内产品，多生产计划外产

---

① 雷厚礼、武国辉：《中国共产党执政 60 年》（上册），人民出版社 2010 年版，第 773 页。

品，并想尽办法把计划内产品拿到市场上去卖高价，导致各类计划内的产品供应短缺，价格进一步上涨，甚至出现了官商勾结现象，有些商人以计划价买入计划内物资，再以市场价销售到市场上。比如，同样是一吨石油，计划内价格是100元，计划外是644元，"倒"出来的利润相当可观。当时有首《官倒铭》，就是讽刺这种社会现象的："官不在大，有权则通；神不在尊，有钱则灵。斯是窍门，唯吾独用。计划换'回扣'，批条变利红；'双轨'生'商鬼'，前门转后门。可以得彩电，盖楼亭。无国事之入耳，唯私利之劳形；倒的公家物，进的私囊中，民众曰：祸由此生。"如此"官倒""私倒"混生，金钱与权力勾结，权力和市场恶性结合，严重损害了政府的威信，败坏了社会的风气，引起了老百姓的极大不满。

要解决"双轨制"的弊端，就必须对原有制度进行改革创新。1987年的北戴河会议酝酿实行"价格改革闯关"，全面取消价格管制。1988年5月8日，各大新闻媒体发布了一条中国人民银行将发行面额为100元和50元人民币的消息，从"大团结"到100元的转变，使一些经济嗅觉敏感的人捕捉到了物价将有波动的信息。的确，中央已经坚定了这份决心——我们准备"闯关"了！1988年5月19日，邓小平在会见朝鲜政府军事代表团的时候特别谈到价格改革。他指出："理顺物价，改革才能加快步伐。……最近我们决定放开肉、蛋、菜、糖四种副食品价格，先走一步。中国不是有一个'过五关斩六将'的关公的故事吗？我们可能比关公还要过更多的'关'，斩更多的'将'。过一关很不容易，要担很大风险。……但是物价改革非搞不可，要迎着风险、迎着困难上。"[1] 据此，1988年5月30日，中央

---

[1]《邓小平文选》第三卷，人民出版社1993年版，第262—263页。

政治局在北京召开全体会议，决定着手研究价格、工资方案，加速价格改革。8 月，中共中央政治局通过《关于价格、工资改革的初步方案》，决定在价格改革过程中，通过提高和调整工资、适当增加补贴，保证大多数职工实际生活水平不降低，并能随着生产的发展而有所改善。

由于商品流通秩序还未理顺，人们对"价格改革闯关"还未做好足够的心理准备，加上一些商品的大幅涨价，诱发了全国性的抢购狂潮。1988 年，上海火柴厂厂长在接受电视采访时兴奋地说："到今年 2 月底，仓库 3 月份生产里还积压着 6000 万盒，3 月份生产 2000 万盒。可是，3 月份 3 天时间里，一下子销出 4000 万盒，连同 4 月份生产的，近 1 亿盒，一销而光！"另据报道，南京市鼓楼区一户居民一下子买了 400 多盒火柴存放在家中，但被小孩当成玩具点燃酿成了火灾。当时的报纸还这样报道："人们像昏了头一样，见东西就买，既抢购保值商品，也抢购基本消费品，连滞销的也不放过，电视机有图像就抱，电风扇能转就买，电冰箱有冷气就要。"人们不为消费，只为保值或者纯粹跟风，不管品种、不管牌号、不讲价格，甚至连一些积压多年的残次商品也一抢而空。于是，一些不法商家乘机倾销劣质商品。1988 年 8 月 30 日，国务院常务会议发出紧急通知，宣布物价改革的方案还要进一步修改完善，相当于宣布中止价格"闯关"。这场物价"闯关"对于宏观经济产生的影响是负面的，对全国民众的改革承受力也是一次前所未有的考验。

改革不是一蹴而就的，既然"闯关"受挫，那么就要开始新一轮的经济调整。1988 年 9 月 26 日，中共十三届三中全会正式通过"治理经济环境，整顿经济秩序，全面深化改革"的方针，延缓价格改革步伐。这次治理整顿实际上是一次经济收缩，目的是通过经济收缩来抑制通货膨胀。收缩的结果是，工业总产值还是比上一年增长了20.7％，物价指数全年平均高达 18.5％，因此，中央又加强了治理整顿的力度。1989 年 11 月 9 日，中共十三届五中全会又作出了《中共中央关于进一步治理整顿和深化改革的决定》，采取了更加坚决的措施：实行财政和信贷双紧方针，大力压缩财政支出，管住货币发行，控制信贷总规模；压缩基建投资规模，调整投资结构；控制居民收入过快增长，抑制过旺的消费需求。在治理整顿期间，国家利用市场疲软的机会，着手调整不合理的价格。治理整顿尽管给经济发展和经济改革带来了一些消极作用，但却为价格改革创造了良好的条件，它使通货膨胀率降到了 3％ 以下的低水平，使社会供给大于需求，创造了一个比较宽松的经济环境。更为重要的是，由于供求关系的变化，"双轨价"中计划价格和市场价格的差额已经大大缩小，个别产品还出现了市场价格低于计划价格的现象。这样，将计划价格并入市场价格就不会有多大的冲击了。

1992 年邓小平同志南方谈话发表后，我国的各项改革都加快了步伐，人民群众的生活水平有了较大提高，通货膨胀得到了遏制，部分商品进入了买方市场，价格扭曲的情况得到了改善。所有这些，都为物价改革创造了时机和条件。1992 年 9 月 1 日，国家物价局宣布将571 种生产资料定价权交给企业，22 种产品价格下放给省级物价部门。社会的反应虽然激烈，但已不复 1988 年的情况。至此，物价"闯关"正式成功，价格双轨制也走向了尾声，价格改革暂时落下了帷幕。其间，虽一波三折，但党和国家领导人总是能够捕捉事态动向，及时止损，避免国家和人民财产遭受重大损失。

新时代以来，医疗服务价格成为广大人民群众最关切的现实利益问题，再加上新冠疫情对医疗事业的冲击，国家和政府面临着如何调整医疗服务价格、降低人民群众就医负担等考验。党中央集中统一部署，推动一系列改革，通过取消药品加成、带量集中招采和加强成本控制，降低了药品耗材价格。党始终重视基本医疗卫生事业的公益属性，深化公共医疗服务价格改革，建立合理的补偿机制，促进了医疗卫生服务的高质量发展。

在价格改革这条湍流中，通过不断开拓创新，我们蹚出了适合我国经济情况的路子。流水蜿蜒曲折但也汩汩向前，我们仍需挽起裤脚，砥砺前行。

二、　金融改革持续进行

在经济改革初期，邓小平就提出要以金融改革打破计划经济的僵局，以应对扩大企业自主权后出现资金使用效率问题。1979 年 10 月 4 日召开的各省、市、自治区委员会第一书记座谈会上，邓小平同志明确提出："要把银行真正办成银行。"[1] "真正的银行"有两大类。一是商业银行。1979 年 10 月 8 日，在各省、市、自治区委员会第一书记座谈会上，邓小平指出："一个县或一个队里的小工厂，改造一下，当地银行解决一千元、两千元就顶事，很快能上去。银行很好解决贷款，又能得利息。如果我们搞得很活，我们的银行要扩大。建设银行一定要搞起来。银行要直接开辟门路，直接去办。不要只坐在那里收发、算账，要做生意。搞建设银行，给企业自主权有一个活动余

①《邓小平文选》第三卷，人民出版社 1993 年版，第 193 页。

地。短期贷款，小项目的贷款，技术革新贷款，一下子解决了。"① 这里邓小平重点强调了银行在调节社会资金流向、合理分配和使用资金方面的重要作用，只有这样的银行才能成为"发展经济、更新技术的杠杆"。二是中央银行。在传统的计划体制下，企业所需资金由财政无偿拨款，而且还要经过很长一段时间的审批流程，大大降低了办事效率。1980 年，国家决定改革基本建设投资管理办法，实行"拨改贷"，即由原来的财政无偿拨款改为银行贷款，实行国家投资资金的有偿使用，并批准成立中国人民建设银行，专门管理国家基本建设投资贷款。这是我国金融体制的一项重要改革。根据邓小平关于银行改革的思想，中国人民银行还就如何搞好银行改革问题进行研究，提出了注重存款和扩大业务范围、建立银行体系、建立中央银行制度、加快建设金融市场等一系列措施，为建立现代金融体系奠定了基础。

金融改革不仅是银行制度本身的改革，还包括证券市场的发育及完善。1986 年 11 月，中国人民银行在北京举行了中美金融市场研讨会，邓小平会见了前来参会的纽约证券交易所董事长约翰·范尔霖一行，向客人介绍了中国的发展目标和对外开放政策，并强调指出："我相信通过中美两方面的共同讨论对金融市场的发展会有益处的。"② 会上，邓小平接受了范尔霖赠送的纽约证券交易所所徽，也想回赠他一只中国的股票。但是，由于我国当时还没有形成正规的股票市场，只是各地自发地发行了一些股票，之后通过与人民银行上海市分行联系，几经周折，最终找出了一张标准的股票——飞乐音响，赠送给了范尔霖。飞乐音响作为中国第一只股票不仅在美国纽约证券交

---

① 武市红、高屹主编：《邓小平与共和国重大历史事件》，人民出版社 2000 年版，第 266 页。

② 武市红、高屹主编：《邓小平与共和国重大历史事件》，人民出版社 2000 年版，第 267 页。

易所展出，也见证了中国证券市场的沧海桑田。1992 年春，邓小平在南方谈话中特别指出："证券、股票这些东西究竟好不好，有没有危险，是不是资本主义独有的东西，社会主义能不能用？允许看，但要坚决地试。看对了，搞一二年对了，放开；错了，纠正，关了就是了。关，也可以快关，也可以慢关，也可以留一点尾巴。怕什么，坚持这种态度就不要紧，就不会犯大错误。总之，社会主义要赢得与资本主义相比较的优势，就必须大胆吸收和借鉴人类社会创造的一切文明成果，吸收和借鉴当今世界各国包括资本主义发达国家的一切反映现代社会化生产规律的先进经营方法、管理方法。"① 这次重要讲话肯定了中国要发展证券市场，并强调社会主义改革必须大胆吸收和借鉴人类社会创造的一切文明成果。邓小平关于金融改革问题的论述，指明了中国金融改革的方向。通过这些金融改革，中国建立起了适应整个经济体制改革要求的比较完备的金融体系。

改革开放是金融现代化的必由之路。党的十八大以来，我国统筹发展与安全，稳步扩大金融开放，金融改革开放呈现出崭新的发展形势，金融与实体经济良性循环逐步形成。中国证监会副主席李超表示："围绕深化金融供给侧结构性改革，全面深化资本市场改革，基础制度更加成熟定型。"② 金融改革要始终坚持以人民为中心的发展思想，聚焦国家战略和重点领域，精准把握薄弱环节和各类市场主体，满足人民日益增长的美好生活需要。以中国建设银行为例，近年来，建设银行完整、准确、全面贯彻新发展理念，以一系列金融创新和实

---

① 《邓小平文选》第三卷，人民出版社 1993 年版，第 373 页。
② 《金融改革开放呈现新局面　有力推动经济高质量发展——"中国这十年"系列主题新闻发布会聚焦金融领域改革与发展》，新华网 2022 年 6 月 24 日。

践，促进传统金融业务与数字化、平台化、生态化金融新业态相融并进，更好满足人民群众和实体经济对具有高度适应性、竞争力、普惠性的现代金融体系的需求。①

三、 住房改革稳步推进

千百年来，中国老百姓一直把"耕者有其田，居者有其屋"作为理想社会的基本标志，把"安居乐业"作为毕生的向往和追求。改革开放之初，中国人均住房面积仅为 3.6 平方米，在那时会经常看到这样一番景象：一家三代共计 8 口人"蜗居"在 9 平方米的小屋里，入夜后，地上躺满了人，第二天早上醒来，居民一边提着马桶，一边跟邻居打招呼，穿越大大小小的弄堂奔向化粪池。有时赶巧，与邻居在"一线天"弄堂"狭路相逢"，两个人还要来个亲密接触——背靠背贴墙而过。针对这种现象，我国在住房领域也提出了一系列创新举措。

1978 年 9 月，邓小平先后视察了东北三省、唐山和天津两市，主要视察了那里的居民住宅楼。9 月 19 日，他在唐山专程看了新市区的住宅楼，接见了基建工作会议的代表。第二天下午，邓小平又视察了天津市黄纬路正在建设中的胜天里住宅小区，看了大板结构的多层住宅楼和建材局的新型建材样品。10 月 20 日，邓小平来到了北京前三门大街住宅楼建设工地，分别看了两居室和三居室的单元房。在这里，他详细地询问了随行市建委主任赵鹏飞住房的平方米、层高等数据，还特意询问了楼房的抗震系数。听到按地震烈度 8 度设防的回复

---

① 《张金良代表：深化金融供给侧结构性改革》，《人民日报》2022 年 10 月 18 日。

后，邓小平满意地点了点头。经过仔细观察和慎重考虑，他向建筑专家们提出了这一建议：希望在不增加投资的情况下，尽量扩大住房面积。根据邓小平的思路，设计师们设计了一套新的住宅标准图，每户增加了 1.5 平方米，卫生间面积也有所增加，采用轻质建筑材料后，每户的预算总造价反而便宜了 77 元。这也打通了今后住宅商品化的道路，使中国人民真正实现"居者有其屋"。

住宅方便、安全的问题要解决，住宅困难的问题同样也要重视。新中国成立之初，国家百废待兴，为了解决住房严重紧缺的问题，国家采取了一种几乎完全福利性质的住房体制，城镇居民只需要支付少量的租房费用，便可享受到单位福利性分房。随着改革开放的推进，原有的福利分房体制已经无法适应当时的实际需求，必须进行革新。1980 年，在谈到我国住房问题时，邓小平说："要考虑城市建筑住宅、分配房屋的一系列政策。城镇居民个人可以购买房屋，也可以自己盖。不但新房子可以出售，老房子也可以出售。可以一次付款，也可以分期付款，十年、十五年付清。……要联系房价调整房租，使人们感到买房合算。"① 1986 年，国务院成立住房制度改革领导小组，在唐山、烟台、蚌埠、常州等城市进行住房改革试点，实行提租补贴、租售结合的改革。1988 年，国务院召开全国住房制度改革工作会议，推行住房制度改革的实施方案，正式将住房制度改革纳入国家经济体制改革计划，明确提出住房改革的目标是逐步实现商品化。1998 年 7 月，《国务院关于进一步深化城镇住房制度改革加快住房建设的通知》发布，提出了以停止住房实物分配、逐步实行住房分配货币化为核

---

① 《邓小平思想年谱（1975—1997）》，中央文献出版社 1998 年版，第 150 页。

心，配套改革住房建设、供应、金融办法，发展住房交易市场，加快住房建设的改革目标。自此，实行近40年的福利分房制度退出历史舞台，市场化成为住房建设的主题，住宅产业逐渐成为中国新的经济增长点和支柱产业。

进入新发展阶段，新时代住房事业逐步采取一系列高质量发展政策。在2022年9月14日，中宣部举行的"中国这十年"系列主题新闻发布会上，住房和城乡建设部副部长姜万荣表示，住建部始终把加快推进住房保障体系建设作为满足群众基本住房需求、实现全体人民住有所居的重要任务，人民住房问题取得新进展。"这十年是我国历史上保障性安居工程建设规模最大、投资最多的十年，人民群众喜圆安居梦想。"① 党的十八大以来，党中央聚焦脱贫攻坚战中的住房安全与保障问题，将建档立卡贫困户作为重点，科学评估鉴定农村危房，发挥"五级书记抓扶贫"的制度优势，以农户自建为主，辅以政府资金补助，历史性地解决了农村贫困人口住房安全问题，实现了乡村振兴与全面小康的同频共振。在城镇方面，强调要健全"两个体系"，即住房市场体系和住房保障体系。要满足群众基本住房需求，综合考量不同群体的住房期望与支付能力，逐步完善住房保障体系。2021年6月，国务院办公厅印发了《关于加快发展保障性租赁住房的意见》，第一次明确了住房保障体系的顶层设计，提出住房保障体系主要包含三个方面内容——公租房、保障性租赁住房和共有产权住房。同时，建立了包括金融、财税、土地等的配套政策，确保让需要帮助的住房困难群众能够真正受益。近两年，新市民、青年人的住房困难已得到有效解决。

---

① 《住房保障体系不断完善》，《经济日报》2022年9月15日。

四、 政治体制改革是关键

政治体制的建设与创新既是巩固和发展经济体制改革创新成果的需要，又是建立真正的社会主义民主的内在动力。政治体制改革的成败，事关中国特色社会主义事业的总体大局，好的政治体制改革必须凝聚力量，攻坚克难，在实践中探索，在探索中创新，在创新中破题。

生产力的每一次解放、经济潜力的每一次释放，都离不开政治体制上的"松绑"和"清障"。在中国掀起的改革浪潮中，政治体制改革被认为是难度最大的。邓小平同志知难而进，针对固有的政治体制的弊端进行了大刀阔斧的改革。他指出："改革，应包括政治体制的改革，而且应该把它作为改革向前推进的一个标志。"[1] 1956 年，我国步入全面进行社会主义建设时期。由于缺乏建设经验，这一时期我国主要借鉴苏联模式，但随着经济社会的发展，其弊端逐渐显现。党的十一届三中全会前夕，邓小平已然开始酝酿并提出政治体制改革的问题。1978 年 10 月，他在中国工会第九次全国代表大会的致词中提出，实现四个现代化这场革命，"必然要多方面地改变生产关系，改变上层建筑，改变工农业企业的管理方式和国家对工农业企业的管理方式，使之适应于现代化大经济的需要"[2]。并且指出："各个经济战线不仅需要进行技术上的重大改革，而且需要进行制度上、组织上的重大改革。"[3] 在这里他明确提出了要改变生产关系、上层建筑和管理

---

[1]《邓小平论行政管理体制和机构改革》，中央文献出版社 1996 年版，第 13 页。

[2]《邓小平经济思想摘要》，经济管理出版社 1998 年版，第 31 页。

[3]《邓小平经济思想摘要》，经济管理出版社 1998 年版，第 31 页。

方式的问题，并强调要进行制度上的改革。同年 12 月，邓小平在中央工作会议闭幕会上作了《解放思想，实事求是，团结一致向前看》的讲话。在讲话中，他针对官僚主义、权力过分集中等现象提出了一系列政治体制改革方面的举措并作了具体阐述。这些思想得到了与会人员的一致认可，政府随即作出了一系列决策，我国政治体制改革的序幕由此拉开。

从 1978 年到 1980 年 8 月，我国进行了将近两年时间的政治体制改革，初步纠正了"文化大革命"时期的畸形政治体制，但还没有触及根本问题。1980 年 8 月 18 日，邓小平在中共中央政治局扩大会议上作了《党和国家领导制度的改革》的重要讲话。在讲话中，他一针见血地揭露了我国现行政治体制中存在的弊端，指出："从党和国家的领导制度、干部制度方面来说，主要的弊端就是官僚主义现象，权力过分集中的现象，家长制现象，干部领导职务终身制现象和形形色色的特权现象。我们过去发生的各种错误，固然与某些领导人的思想、作风有关，但是组织制度、工作制度方面的问题更重要。这些方面的制度好可以使坏人无法任意横行，制度不好可以使好人无法充分做好事，甚至会走向反面。"[1] 并指出："为了适应社会主义现代化建设的需要，为了适应党和国家政治生活民主化的需要，为了兴利除弊，党和国家领导制度以及其他制度，需要改革的很多。我们要不断地总结历史经验，深入调查研究，集中正确意见，从中央到地方，积极地、有步骤地继续进行改革。"[2] 进而明确提出了改革的主要内容。《党和国家领导制度的改革》作为中国政治体制改革的纲领性文件，对产生弊端

---

[1]《邓小平人才人事理论学习纲要》，人民出版社 1997 年版，第 54 页。

[2]《邓小平文选》第二卷，人民出版社 1993 年版，第 322 页。

的根源作了鞭辟入里的分析，并系统精辟地阐述了进行政治体制改革的必要性和重要性，确定了我国政治体制改革的指导思想和基本思路。

没有一种制度是一成不变的，任何制度都要随着时代的发展进行调整变革。随着经济体制改革不断地深入推进，旧有政治体制的相对滞后性也逐渐显露出来，邓小平敏锐地认识到只有党政分开、权力下放才能为政治体制改革找到突破口。1982 年 1 月，邓小平在中共中央政治局会议上发表《精简机构是一场革命》的讲话，他批评当时机构臃肿，许多人员不称职、不负责，"这是不可能得到人民赞同的"[①]。同时明确提出"精简机构是一场革命"[②]，不是对人的革命，而是对体制的革命。从 1986 年到党的十三大召开，政治体制改革问题成为邓小平思考和谈论的中心问题之一。1986 年 5 月 20 日，他在会见澳大利亚总理霍克时说："城市改革是全面改革，不仅涉及经济领域，也涉及文化、科技、教育领域，更重要的是还涉及政治体制改革。政治体制改革就要消除机构臃肿、人浮于事、官僚主义，还包括改革人事制度。"[③] 他还指出："城市改革首先要权力下放，没有权力下放就调动不了每个企业和单位的积极性。国家发号施令少了，下面活动的余地就大，发展就会快。国家发号施令少了，上面的机构就没有很多事情可干，就可以精简了，就可以按才能合理地使用人才，减少官僚主义。"[④] 6 月 10 日，邓小平听取中央负责同志汇报当前经济情况后，提出了影响今后经济发展的三个问题，其中之一就是政治体制改革。他还指出："我们要精兵简政，真正下放权力，扩大社会主义民主，

①《邓小平文选》第二卷，人民出版社 1994 年版，第 396 页。
②《邓小平文选》第二卷，人民出版社 1994 年版，第 396 页。
③《邓小平思想年谱（1975—1997）》，中央文献出版社 1998 年版，第 354 页。
④《邓小平思想年谱（1975—1997）》，中央文献出版社 1998 年版，第 354 页。

把人民群众和基层组织的积极性调动起来。现在机构不是减少了，而是增加了。设立许多公司，实际是官办机构，用公司的形式把放给下面的权又收了上来。机构多、人多，就找事情干，就抓住权不放，下边搞不活，企业没有积极性了。上半年经济发展速度比较低，就有这么一条原因。"① 据此，他还指出："现在看，不搞政治体制改革不能适应形势。""一九八〇年就提出政治体制改革，但没有具体化，现在应该提到日程上来。不然的话，机构庞大，人浮于事，官僚主义，拖拖拉拉，互相扯皮，你这边往下放权，他那边往上收权，必然会阻碍经济体制改革，拖经济发展的后腿。"② 并且明确提出应该把政治体制改革作为改革向前推进的一个标志。

除了简政放权之外，邓小平还十分注重领导层干部年轻化的问题。1986 年 9 月 2 日，他在接受美国记者华莱士采访时说："就我个人来说，我是希望早退休。我正在说服人们，我明年在党的十三大时就退下来。"③ 10 月 24 日在会见日中友协代表团时，他干脆地说："年轻人思想开放，最支持改革。年轻人精力充沛，工作效率高。总之，要年轻化，否则没有出路。"④ 11 月 1 日，他又对意大利总理克拉克西说："拿我来说，非改革不行，已八十二岁，还能干吗！该让路了。与我同龄的人有一批，我们在酝酿让位的问题，这一步非走不行。"⑤ 11 月 9 日，在与日本首相中曾根康弘的谈话中他提出："第一个目标是始终保持党和国家的活力"，"第二个目标是克服官僚主义，

---

① 《邓小平文选》第三卷，人民出版社 1993 年版，第 160 页。
② 《邓小平文选》第三卷，人民出版社 1993 年版，第 160 页。
③ 《邓小平文选》第三卷，人民出版社 1993 年版，第 174 页。
④ 武市红、高屹主编：《邓小平与共和国重大历史事件》，人民出版社 2000 年版，第 301 页。
⑤ 武市红、高屹主编：《邓小平与共和国重大历史事件》，人民出版社 2000 年版，第 301 页。

提高工作效率","第三个目标是调动基层和工人、农民、知识分子的积极性"①。其中第一个目标尤为关键,实现领导层干部队伍年轻化是提高效率和调动积极性的基础和保证。可见,邓小平在力主领导层年轻化、坚决主张包括自己在内的老同志退休及废除领导干部职务终身制上表现出了很大的决心。

邓小平的政治体制改革思想是经过深思熟虑并被实践充分证明正确的相当完整的思想体系。多年来,按照邓小平的设想和党的十三大规划的蓝图,党中央积极稳妥地逐步推动政治体制改革并取得了很大成效和进展。当然,我国政治体制改革之路仍旧任重而道远,但历史的教训、民众的热望、世界的潮流必将促使中国的政治体制改革继续向前推进。

政治体制改革仍然在路上。党的十八大以来,尤其是进入新时代,以习近平同志为核心的党中央高度重视政治体制改革。习近平总书记曾经强调过"坚持和发展中国特色社会主义是一篇大文章,我们这一代共产党人的任务,就是要继续把这篇大文章写下去"②,要将这篇大文章继续写好,就要不断地对这篇文章中出现的问题进行修改。在党的十九届六中全会通过的《中共中央关于党的百年奋斗重大成就和历史经验的决议》中,用"十个明确"对习近平新时代中国特色社会主义思想的核心内容作了进一步概括,这为中国共产党在新的历史条件下不断进行政治体制改革提供了更加明确的改革方向和改革目标,这也是中国特色社会主义这篇大文章不断写好的关键。新的征程上,中国共产党所进行的政治体制改革也将在不断地摸索中持续深入,逐渐走出一条具有中国特色的治党治国新路径。

---

① 《邓小平同志论改革开放》,人民出版社1989年版,第112—113页。

② 唐洲雁:《实现中国梦的重大战略部署》,中央文献出版社2013年版,第53页。

第三节　制度创新关键在落实

"崇尚实干，狠抓落实""为者常成，行者常至"①。坚持以制度创新为核心全面深化改革，破除社会各方面发展的体制机制障碍，这是我们党进行制度创新的出发点和落脚点。但是制度创新是否能够解决社会发展中的难题，关键在于实际中的应用和落实。党的十八大以来，以习近平同志为核心的党中央，不断对党内的政治生态进行整顿、对党内出现的贪污腐败现象加大惩治力度，不断开展"打虎拍蝇""猎狐"等一系列反腐败专项活动，取得了一系列发腐败斗争成果。随着反腐败斗争的持续深入，党内逐渐形成了以巡视制度和国家监察委员会为核心的一整套完整的反腐败制度创新体系，构建了一体化"不想腐、不能腐、不敢腐的有效机制"②，真正地做到了在实际运用中把权力关进笼子，彰显了中国共产党"坚持全面从严治党永远在路上，保持'赶考的清醒'，以新时代党的自我革命引领新的伟大社会革命"③ 的伟大品质。

巡视制度作为党内监督的一种重要形式，在党反腐败斗争的历史上发挥着不可替代的作用。纵观党的四个伟大历史时期，巡视制度在不同的历史时期有着不同的内涵。在新民主主义革命时期，主要采取

---

① 严冰主编：《安天下——十八大以来治国理政新方略》，人民出版社 2017 年版，第 19 页。
② 《习近平关于党风廉政建设和反腐败斗争论述摘编》，中国方正出版社 2015 年版，第 130 页。
③ 《在党史学习教育动员大会上的讲话》，人民出版社 2021 年版，第 10 页。

党派遣中央特派员去参与地方党支部工作的形式，以加强中央对地方的领导，确保了中央指示与地方工作的一致性；在社会主义革命和建设时期，由于"文化大革命"，民主法治遭到严重破坏，巡视制度也不得不中断发展，给党内政治生活带来了极大的损害；在改革开放和社会主义建设新时期，针对党内出现的贪污腐败现象，邓小平同志提出，"党内监督首先是党委会成员或领导班子的内部监督""党委内部要开展批评与自我批评"①，为巡视制度的建立奠定了思想基础。党的十六大报告明确提出："改革和完善党的纪律检查体制，建立和完善巡视制度"②，自此，巡视制度得以重新恢复和确立。此后，《中国共产党党内监督条例（试行）》、"巡视制度纳入党章"、《中国共产党巡视工作条例（试行）》等法律明文的出台，标志着巡视制度迈入规范化、制度化、法制化的发展轨道。党的十八大以来，习近平总书记高度重视巡视制度在反腐败斗争中的作用，对巡视制度作出了这样的定位："巡视制度是党章赋予的重要职责，是加强党内监督的重要形式。"巡视制度深深地植根于中国特色社会主义反腐倡廉的伟大实践中，又以不可阻挡之势成为党推动自我革命、加强党内监督、净化政治生态的重要制度保障。但在"上有政策，下有对策"的不良风气中，在实际的落实过程中，巡视制度的效力得到了一定程度的削弱，主要体现在：巡视工作的形式主义、巡视组人员的腐化、巡视制度的漏洞……对此，党中央也采取了相应的举措，对巡视工作、巡视组人员、巡视制度进行改革重组，以使巡视制度在落实过程中更加符合实

---

① 《邓小平百周年纪念——全国邓小平生平和思想研讨会论文集》（下），中央文献出版社 2005 年版，第 1590 页。

② 《十六大以来重要文献选编》（上），中央文献出版社 2008 年版，第 28 页。

际情况、更加有效发挥作用。

与此同时，随着反腐倡廉工作的持续深入，中央还特别设立了国家监察委员会。2016 年 1 月 12 日，在中央召开的第十八届中央纪律检查委员会第六次全体会议上，习近平总书记指出："要坚持党对党风廉政建设和反腐败工作的统一领导，扩大监察范围，整合监察力量，健全国家监察组织架构，形成全面覆盖国家机关及其公务员的国家监察体系。"① 经过 2 年多的筹备，最终在 2018 年 3 月成立了中华人民共和国国家监察委员会，这是我们党在新时代"守正创新、踔厉奋发、勇毅前行"②，不断进行制度创新的又一重大成果。国家监察委员会"依照法律规定独立行使监察权，不受行政机关、社会团体和个人的干涉"③，这在根本上保证了国家监察委员会自身的独立性以及使用权利的完整性。无独有偶，为了防止国家监察委员会在反腐败的过程中出现自身腐化等行为，国家还专门在监察委员会内部设立了干部监督部门和调查部门，并在法律上规定了国家监察委员会直接对全国人大及其常委会负责并接受其监督，这对于监察委员会成员来说是一种制度和法律的双重约束，真正地实现了由上而下、自内而外的全方位、无死角的监督，确保国家监察委员会在开展反腐败斗争中形成合力，更好落地生根，维护国家和宪法的尊严。

在巡视制度和国家监察委员会的双层制度保障作用下，国家在反腐败斗争中取得了显著的成绩。分阶段来看党的十八大以来中国共产党反腐倡廉这十年取得的成就，党的十八大到党的十九大这五年期

① 习近平：《在第十八届中央纪律检查委员会第六次全体会议上的讲话》，《人民日报》2016 年 5 月 3 日。
② 习近平：《高举中国特色社会主义伟大旗帜　为全面建设社会主义现代化国家而团结奋斗——在中国共产党第二十次全国代表大会上的报告》，《人民日报》2022 年 10 月 26 日。
③《中华人民共和国宪法》，人民出版社 2018 年版，第 57 页。

间，"依个人报告制度查核 125 万人次、处理 12.5 万人，查处军级以上党员干部及其他中管干部 440 人，共处分基层党员干部 27.8 万人，追回外逃人员 3453 人"①；党的十九大至党的二十大这五年期间，"各部门立足职责、同向发力，连续五年开展'天网行动'，共追回外逃人员 6900 人，其中党员和国家工作人员 1962 人，追回账款 327.86 亿元，'百名红通人员'已有 61 人归案"②。总的来看，党的十八大以来："截至今年 4 月底，全国纪检监察机关共立案审查调查 438.8 万件、470.9 万人；查处违反中央八项规定精神问题 72.3 万起，给予党纪政务处分 64.4 万人。"③ 这一串串触目惊心的数字，反映了党的十八大以来中国共产党反腐败斗争的力度，反映了中国共产党推动自我革命、实行党内自我监督的决心和勇气，反映了中国共产党推进国家治理体系现代化的不懈努力，更反映了中国共产党践行"制度创新关键在落实"的自觉自信，表明了中国共产党对共产党执政规律和社会主义建设规律的深刻把握。但同时我们也应清晰地认识到，在巡视制度和国家监察委员会没有发现的地方，还存在着贪污腐败的行为，党应该不断进行党风廉政建设和反腐败斗争，用制度创新去约束腐败、用制度落实去发现腐败，为全面实现中华民族伟大复兴提供坚强有力的政治保障和可靠的人才后备军支撑。

---

① 胡永平：《数字解读全面从严治党五年反腐"成绩单"》，中国网 2017 年 10 月 19 日。

②《齐心协力　坚决斗争　追逃追赃"天网"愈织愈密——党的十九大以来反腐败国际合作综述》，《人民日报》2022 年 9 月 7 日。

③《截至 4 月底纪检监察机关共立案审查 470.9 万人》，《北京青年报》2022 年 7 月 1 日。

第五章

文化开拓创新

　　坚持文化开拓创新，是中国共产党努力传承中华文化血脉、弘扬正确社会价值、丰富人民精神家园、聚拢民族奋进力量的重要经验。中国共产党长期以高度的文化自觉、文化自信、文化自强意识，不断推动文化开拓创新，在不同时代背景下，持续发挥文化的引领作用和价值力量，不断丰富人民的社会文化生活，用文化的创新发展助推中华民族伟大复兴。

中华优秀传统文化是中华民族的根和魂。中华文化古树的繁荣兴盛，不仅得益于深厚的内涵和底蕴，更源于不断的传承与发展，其中蕴含着中华儿女坚定的开拓创新精神。中国共产党人始终坚持文化开拓创新，其经验主要体现在以下三个方面。

一是坚持提倡立足本土，发扬中华优秀传统文化，在传统中发掘活力，在传承中推陈出新。

二是坚持用价值观引领文化发展，始终能以最体现时代要求的价值观吹响进步的号角。

三是坚持在创新本土文化的基础上，重视"文化走出去"，坚持讲好中国故事，传播好中国声音，把最真实、最温暖、最美好的中国形象带给世界。

第一节　根植本土是文化开拓创新的基础

中华民族文化，源远流长，生生不息。中华优秀传统文化蕴含着深远的人文精神，展现着独特的民族气质，代表着五千年来深厚的历史积淀。从《尚书》到《天工开物》，中华优秀传统文化涵盖先人治国理政的思想与科技创新的智慧；从唐诗汉赋到宋词元曲，中华优秀传统文化蕴藏着解决当代人类面临的难题的重要启示。一种民族文化能够历久弥新的基因密码在于开拓创新，而文化开拓创新的前提在于"根植本土"。"不忘本来"才能"面向未来"，"述来者"才能"知今后"。在延续中华民族文化血脉中进行开拓创新，有利于我们做好今天的事业、坚定奋斗的方向，展现出中国特色社会主义文化的高度自信。

中国共产党建党百年来，一方面不断推进中华民族伟大复兴的历史伟业，同时也积极探索中华优秀传统文化的发展道路，结合不同时代背景回答"如何认识和对待传统文化"的问题。早期中国共产党人强调要以辩证的眼光看待传统文化，李大钊指出五四运动批判的对象是封建礼教与专制思想，并不是孔子本身。新民主主义革命时期，以毛泽东为主要代表的中国共产党人对传统文化的态度逐渐科学化，更多强调"批判继承"的现实方法。抗战时期，日本帝国主义除了进行残酷的军事侵略，还向广大人民群众灌输奴化思想，企图在精神层面彻底控制中国。在这种时代背景下，基于构建中华民族的文化自信以增强抗战信心的迫切需要，毛泽东开始从传统文化中发掘能够振奋民族精神的宝贵资源，他强调"从孔夫子到孙中山"[1] 都是我们应该继承的珍贵遗产。毛泽东在《新民主主义论》中提出："剔除其封建性的糟粕，吸收其民主性的精华，是发展民族新文化提高民族自信心的必要条件。"[2] 这一论断奠定了传统文化发展的基本思路。除此之外，毛泽东还尝试在民族的角度阐释马克思主义，为马克思主义中国化的历程作出了突出贡献。他强调："马克思主义必须和我国的具体特点相结合并通过一定的民族形式才能实现。"[3] 例如，"实事求是""矛盾观"都是毛泽东运用中华优秀传统文化解释哲学概念的生动典范。

新中国成立后，中国共产党为推动文艺与科学事业的繁荣发展，

---

[1]《毛泽东选集》第二卷，人民出版社 1991 年版，第 534 页。

[2]《毛泽东选集》第二卷，人民出版社 1991 年版，第 707—708 页。

[3]《毛泽东选集》第二卷，人民出版社 1991 年版，第 534 页。

提出"双百"与"二为"的文化发展方针。这一时期，不仅鼓励广大文化工作者研究传统文化与史书典籍，更重要的是能够贯彻马克思主义的立场、观点和方法，推动马克思主义的大众化。

改革开放后，党的第二代领导集体吸取传统文化发展正反两方面的经验教训，逐步确立起了历史的、辩证的传统文化观。邓小平强调要"划清文化遗产中民主性精华同封建性糟粕的界限"①，我们批判的是封建残余思想，但是要让优秀的传统文化焕发生机。家庭美德是邓小平注重中华优秀传统文化的表现之一。孝道敬老是中华传统美德的核心，邓小平提出："中国文化从孔夫子起，就提倡赡养老人。"②1980年提出的家庭联产承包责任制实际上也体现了以家庭为重点的传统观念。依靠中华民族长期形成的家庭美德，这种经济制度更易于为人们所接受，从而快速调动起广大农民的积极性。"社会主义精神文明建设""小康社会""两猫论"等提法都是合理继承传统文化的理论创新。江泽民把传统文化提升到社会主义现代化建设的高度，并赋予其综合国力的重要标志的地位。胡锦涛"科学发展观"中的"以人为本""构建和谐社会"等内容，是对中华优秀传统文化"和睦同心"理念的当代诠释。

党的十八大以来，习近平总书记将中华优秀传统文化视作"中华民族的根和魂"③，重视史学的镜鉴功能，深度挖掘其贯通古今的时代价值，吸取古人治世的精髓要义，贡献了破解时代难题的中国智慧。习近平新时代中国特色社会主义思想作为中华文化和中国精神的时代

---

① 《邓小平文选》第二卷，人民出版社1994年版，第335页。
② 《邓小平思想年编（1975—1997）》，中央文献出版社2011年版，第709页。
③ 《习近平谈治国理政》第二卷，外文出版社2017年版，第426页。

精华，提出的很多始创性理念都具有鲜明的传统文化色彩。比如，
"绿水青山就是金山银山"的生态文明思想继承了中华传统文化中将
自然与社会相统一的思想。《庄子·齐物论》写道："天地与我并生，
而万物与我为一。"中华传统文化中的世界大同、天下一家彰显了中
华民族自古以来的崇高理想，古有"大道之行也，天下为公"，今有
人类命运共同体理念，中国人民内心的价值追求贯穿始终。除了不断
推进理论创新，还要将传统文化之风落实到现实中去。

　　"从先秦子学、两汉经学、魏晋玄学，到隋唐佛学、儒释道合流、
宋明理学"① 是传统文化的主要发展脉络，产生了儒、法、道等多种
流派，涌现出孔子、孟子、朱熹、王阳明等哲学大家，他们的很多思
想都具有借鉴意义。孔子是儒家学派的创始人、中华传统文化的主要
代表人物，学习孔子是"根植本土"的重要方式。作为中华优秀传统
文化的忠实继承者和发展者，习近平总书记在实际工作中亲自践行，
多次参与相关活动，为各级党员干部及全体中华儿女树立了尊重优秀
传统文化的榜样。

　　2013 年，习近平总书记来到山东曲阜孔府进行考察，专门到孔子
研究院参观。他表示："中华民族有着源远流长的传统文化，也一定
能够创造中华文化新的辉煌。"② 这也足以显示习近平总书记对中华传
统文化的重视。习近平总书记随后在同有关专家学者代表座谈时充分
肯定了孔子创立的儒家学说的重要地位，认为儒家思想深刻反映了中
华民族的精神追求，提出要立足历史唯物主义立场研究孔子和儒家思
想，坚持古为今用，取其精华、去其糟粕，以批判继承的态度去创新

---

① 习近平：《在哲学社会科学工作座谈会上的讲话》，人民出版社 2016 年版，第 4 页。
② 周一兵：《中国方略：怎么看治国理政新理念 新思想 新战略》，人民出版社 2016 年版，第 147 页。

和发展孔子的思想和文化成果，使其展现出永久魅力和时代风采。习近平总书记指出："我们不是历史虚无主义者，也不是文化虚无主义者，不能数典忘祖、妄自菲薄。"① 他认为推动文化开拓创新不能数典忘祖，必须根植本土文化。

推动传统文化开拓创新，必须根植本土文化。如习近平总书记所言："优秀传统文化是一个国家、一个民族传承和发展的根本，如果丢掉了，就割断了精神命脉。"② 习近平总书记充分肯定了孔子的儒家思想对中华文化发展的重要意义。他指出："孔子创立的儒家学说以及在此基础上发展起来的儒家思想，对中华文明产生了深刻影响，是中国传统文化的重要组成部分。儒家思想同中华民族形成和发展过程中所产生的其他思想文化一道，记载了中华民族自古以来在建设家园的奋斗中开展的精神活动、进行的理性思维、创造的文化成果，反映了中华民族的精神追求，是中华民族生生不息、发展壮大的重要滋养。中华文明，不仅对中国发展产生深刻影响，而且对人类文明进步作出了重大贡献。"③

2014 年 9 月 24 日，习近平总书记出席纪念孔子诞辰 2565 周年国际学术研讨会暨国际儒学联合会第五届会员大会并发表重要讲话。他特别强调要"努力实现传统文化的创造性转化、创新性发展，使之与现实文化相融相通，共同服务以文化人的时代任务"④。对待传统文

---

① 《以习近平同志为核心的党中央治国理政新理念新思想新战略》，人民出版社 2017 年版，第 74 页。

② 习近平：《在纪念孔子诞辰 2565 周年国际学术研讨会暨国际儒学联合会第五届会员大会开幕会上的讲话》，《人民日报》2014 年 9 月 25 日。

③ 习近平：《在纪念孔子诞辰 2565 周年国际学术研讨会暨国际儒学联合会第五届会员大会开幕会上的讲话》，《人民日报》2014 年 9 月 25 日。

④ 习近平：《在纪念孔子诞辰 2565 周年国际学术研讨会暨国际儒学联合会第五届会员大会开幕会上的讲话》，《人民日报》2014 年 9 月 25 日。

化，照搬照抄、拿来就用肯定是行不通的。正如习近平总书记所指出，"我们要善于把弘扬优秀传统文化和发展现实文化有机统一起来，紧密结合起来，在继承中发展，在发展中继承"①。"根植本土"不等于一成不变，而是要运用辩证思维的方法和唯物史观的眼界对待中国传统文化。要鉴别出传统文化中的时代精华，剔除陈旧过时的糟粕性成分，结合新的历史背景与社会实践进行创造性转化与创新性发展。

习近平总书记强调，研究孔子是为了正视传统文化、认识当代中国。继承优秀传统文化，是为了寻找自己的民族文化血脉，为了更快实现中华民族伟大复兴的中国梦，为了重新屹立于世界民族之林。儒家思想中蕴含着中华民族爱好和平的渊源，儒学也为中华民族培养爱好和平的民族精神奠定了基础，例如儒学中的"亲仁善邻，协和万邦""亲望亲好，邻望邻好""国虽大，好战必亡"等。习近平总书记赴印度进行国事访问时指出，中印作为邻居，友好交往数千年，并且引用俗语"邻居好，赛金宝"谈中印关系；在中法建交 50 周年纪念大会上，习近平总书记还活用了孔子的"五十而知天命"一语。只有不断发掘和利用儒家文化中的精髓，才能更好地认识世界、认识社会、认识自己，才能更好地展现传统文化的历史美、特色美、时代美。中国的儒学文化在国际上广为流传，孔子学院在全球多个国家得以建立，深受世界人民的认同，展现了中华民族深厚的文化自信。

家是最小国，国是千万家。家风是历史传承中融入我们血脉的核心，是用以规范家庭成员行为作风的基本尺度，决定着个人、家庭，甚至是整个国家的精神气质。习近平总书记将家风家训作为历史资源

---

① 习近平：《在纪念孔子诞辰 2565 周年国际学术研讨会暨国际儒学联合会第五届会员大会开幕会上的讲话》，《人民日报》2014 年 9 月 25 日。

加以强调。2016 年 12 月 12 日，在会见第一届全国文明家庭代表时，习近平总书记指出："尊老爱幼、妻贤夫安，母慈子孝、兄友弟恭，耕读传家、勤俭持家，知书达礼、遵纪守法，家和万事兴等中华民族传统家庭美德，铭记在中国人的心灵中，融入中国人的血脉中，是支撑中华民族生生不息、薪火相传的重要精神力量，是家庭文明建设的宝贵精神财富。"①

　　传统家训虽然各有特色，但都继承了中华民族优秀传统文化的精髓。从家庭抓起，从小事入手，优秀传统文化才能深入人心。从古至今广为流传的家风家训主要有孔子的《庭训》、三国时期诸葛亮的《诫子书》、北齐颜之推的《颜氏家训》、北宋苏洵的《苏洵家训》、南宋袁采的《袁氏世范》以及清初朱伯庐的《朱子治家格言》等，这些家训有的言简意赅，有的鸿篇巨制，但都是句句经典。《诫子书》写道："静以修身，俭以养德。非淡泊无以明志，非宁静无以致远。"要在宁静的状态下来提高自身的修养，要以节俭的要求来涵养自己的品德。《朱子治家格言》指出了古人读书、为官的价值追求："读书志在圣贤，非徒科第；为官心存君国，岂计身家。"这句话对于一个人到底应该怎样读书、怎样入仕，仍然很有教育意义。家风家训是传统文化的重要组成部分，我们要汲取传统家风家训家教中的精粹，运用新的表达形式，赋予其时代特征，为新时代家风建设与社会主义核心价值观的培育提供涵养力量。新时代新征程，要不断以"小家"促"大家"，积极凝聚和团结更多家庭，弘扬家庭美德，为实现中华民族伟大复兴的历史使命，用实际行动贡献自己的一份光和热。

---

① 习近平：《在会见第一届全国文明家庭代表时的讲话》，人民出版社 2016 年版，第 2 页。

习近平总书记充分肯定中华优秀传统文化的作用。他强调："中华优秀传统文化是中华民族的突出优势，是我们在世界文化激荡中站稳脚跟的根基。"① 中国传统文化之于当代的价值，在于其集中体现着中国的民族性特色和最本初的文化基因。任何一个国家和民族，都有其既有的传统文化。只有从传统文化的母体中汲取丰富营养，才能推动文化开拓创新。因此，文化的开拓创新必须根植本土文化，在坚守文化内核的基础上前进和发展，结合新的实践和时代要求，发挥中华传统文化的积极作用，实现中华传统文化的创造新性转化和创新性发展，进而推动中国的社会文明建设，提升我国的文化自信。

一百多年来，中国共产党的文化建设取得了历史性成就。党对于传统文化的态度观点虽然经历过迷茫，但随着实践的深入与认识的深化，最终形成了理性分析、辩证继承的传统文化观念，"根植本土"愈益成为建设社会主义文化强国的璀璨宝库。

第二节　正确价值导向引领文化创新

人无精神则不立，国无精神则不强。中国共产党在不同时期进行的文化开拓创新，之所以总能获得人民的广泛支持，正是因为始终以正确的价值导向为引领，以崇高的理想信念为支撑，能为在苦难中徘徊的人民撑起精神旗帜，为在黑暗中摸索的中华民族指明方向。

---

① 《中共中央关于党的百年奋斗重大成就和历史经验的决议》，《人民日报》2021 年 11 月 17 日。

一、 起来， 不愿做奴隶的人们

当面临战争威胁，面对着数倍于己的敌人，中国共产党并没有被吓怕，也没有被打倒，他们带领着广大的知识分子，拿起手中的笔锋当作扎向敌人的刺刀，用笔锋谱写属于中国共产党人的战斗华章。这一时期的文艺作品正是对中国共产党人不畏强敌、敢于牺牲的大无畏乐观主义精神的生动写照，正是这种坚持以正确价值理念为导向所创造出来的文艺作品，才给了无数中国人民强大的力量，才动员了"不愿做奴隶的人们"勇敢地站"起来"同敌人作坚决的斗争。

第一次国内革命战争失败后，国民党反动派一方面对革命根据地进行军事上的追捕，另一方面对国统区实行文化上的"围剿"。留在上海的一部分文化界共产党员和革命知识分子，利用上海的特殊环境继续从事革命文化事业，共同与国民党反动派作斗争。

由于斗争条件的艰苦，开始时左翼文化者的斗争比较分散，不能很好地集中力量打击敌人。在中国共产党的筹划下，经过鲁迅等人的积极努力，1930年3月2日，冯乃超、田汉、鲁迅等党内外作家共计40余人，在上海举行了中国左翼作家联盟（简称"左联"）的成立大会。大会通过了左联的理论纲领和行动纲领，选举常务委员共7人。随后，又相继成立了中国社会科学家联盟、中国左翼戏剧家联盟、中国左翼美术家联盟、中国左翼教育家联盟、中国左翼新闻记者联盟、电影小组、音乐小组等左翼文化团体。10月，各左翼文化团体又共同组成中国左翼文化总同盟（简称"文总"）。在左联的领导下，左翼文化工作者在反对国民党法西斯文化专制主义和文化"围剿"、宣传马克思主义文艺理论、扩大中国共产党的影响等方面都起了重要作用，成为整个中国革命事业的一个不可或缺的重要组成部分。

左联克服了关门主义和宗派主义，先后创立了《十字街头》《萌芽月刊》《前哨》《北斗》等几十种刊物，不断扩大作者面，使左翼文学产生了不容忽视的社会影响，对当时的官办文艺震动很大。左联的作家通过描绘帝国主义侵略和国民党反动统治下的社会的黑暗与荒诞，来歌颂革命人民的伟大力量和战斗意志。他们不针对具体的人或事，而是或运用象征、比喻、夸张的手法，或简单明了、显而易见地用整个社会的复杂矛盾暴露出日本侵略者的强盗本性和国民党政府卖国行径的不耻行为，同时广泛宣传抗日民主思想，并对苏区和红军进行了颂扬，促进了抗日民主运动的高涨。同时，为了深入群众，他们开展了文艺大众化问题的讨论，根据文艺应当为劳动人民服务、应当属于人民的马克思主义观点，发出了全体盟员"到工厂、到农村、到战场上、到被压迫的群众当中去"①的号召，他们出版通俗的读物，创造了大量的群众喜闻乐见的文艺作品。

左翼文化运动对封建思想文化、法西斯主义和各种反动文化给予了有力的批判，教育、鼓舞、吸引着越来越多的群众投身于革命文化事业。参加左翼文化团体的人数不断增多，阵地日益扩大，由上海发展到北京、天津、武汉、广州、东京，影响遍及全国及海外。

左联势力蓬勃发展，然而，蒋介石对于左翼文化运动的"围剿"也是不遗余力的。他通过垄断一切宣传媒体，发展文化阵地，收买反动文人，打出各种旗号写文章、印刊物、开书店，对进步文化进行污

---

① 姜华宣主编：《新编中国革命史》，人民出版社 1993 年版，第 205 页。

蔑和攻击，剥夺人民的言论和出版自由，对于进步书刊一律查毁，以此与进步文化相对抗，左联的宣传行动一度受损严重。此外，他还指示特务、流氓、暴徒袭击和捣毁有进步倾向的文化机关、报馆、影剧院等，并采用绑架、监禁、暗杀等卑鄙手段对左翼团体的成员进行残酷的迫害。不论是1931年在上海秘密杀害优秀青年作家柔石、殷夫、李伟森、胡也频等，还是支持国民党特务在沪杭公路上暗杀了宣传抗日主张的《申报》总经理史量才，或是封闭刊登进步文章的《新生》等刊物，又或是对左翼文化运动的旗手鲁迅先生千方百计的污蔑和迫害，无一不显示出国民党的手段之残忍。

但在中国共产党的坚强领导下，左翼文化者不断冲破敌人的禁锢和高压，深入国民党当局办的各种报刊或中间性报刊中，深入电影公司、唱片公司和出版发行机构中，占领和扩大宣传阵地。他们创作出了一大批充满高昂激情的爱国主义文艺作品，对于推动群众性抗日救亡运动的高涨发挥了重要作用，对于城市各阶级尤其是青年产生了极为广泛的影响。一大批进步文艺青年，也因此走上了革命的道路。

田汉、聂耳就是当时青年文艺工作者中的佼佼者。"一·二八"事变后，田汉加入了中国共产党，参与了对文艺的领导工作，成为左翼戏剧、音乐的组织者和领导者，曾受到国民党当局的缉捕。与此同时，聂耳在北平深入民众，体验劳苦大众的生活，在为抗日义勇军募捐的演绎会上，用小提琴独奏了无产阶级的战歌《国际歌》。聂耳回到上海后与田汉结识，并生出惺惺相惜之情，聂耳因此加入了左翼戏剧家联盟，并于1933年春在田汉的介绍下，也成了一名中国共产党党员。

聂耳用音乐作为斗争的有力武器，利用有声电影来播送他的歌曲，用以反映社会的现实，仅在 1933 年到 1935 年，就创作出了三十多首激动人心的歌曲，他的作品很快就被广大的中国群众所接受，推动了大众歌咏运动的开展。追忆聂耳，田汉说："我和聂耳合作过好一些歌曲。他虽没有受过正规的音乐教育，但他天才甚高，有强烈的民族感情，阶级感情，又勇于学习。他的作曲爽朗明快，善于处理在别人很不易驾驭的语句……"[1] 聂耳与田汉深厚的战友情谊，为两人再度合作创作电影《风云儿女》的主题歌《义勇军进行曲》奠定了基础。

1935 年春，全国人民抗日爱国热情日益高涨。刚成立不久的上海电通影片公司拍摄了一部反映长城察北抗战的影片《风云儿女》，该影片上映后引起了强烈反响，因此他们很快就筹拍第二部同名影片。但在田汉仅写出了故事梗概，还未完成对电影台本及主题歌的创作时，就被反动当局警察抓捕了。聂耳听说此事，主动请愿，要求为主题歌谱曲。他吸取了《国际歌》等国外歌曲创作的经验，在深刻理解歌词主题和内涵的基础上，把长短句组成的歌词处理成了节奏明快、坚决有力的进行曲，一首饱含政治热情的经典歌曲——《义勇军进行曲》诞生了。

随着 1935 年 5 月《风云儿女》第二部的首映，《义勇军进行曲》开始唱响中国，看似简单的"起来！不愿做奴隶的人们！起来！起来！起来！"却震撼了中国大地。事实上，在电影公映之前，上海《申报》《时报》《中华日报》等就率先刊出了《义勇军进行曲》的词谱。随后，《时代》甚至推出了"起来！不愿做奴隶的人们！"的特

---

[1] 谢太浩：《义勇军进行曲 80 年》，人民出版社 2017 年版，第 19 页。

刊，图文并茂地报道了 6 月前后全国各地开展救亡活动的重大新闻。

20 世纪 30 年代的左翼文化运动造就出了一大批理论宣传和文学艺术等方面的人才，培养了一支具有正确价值导向的"文化生力军"。他们立足中华民族内忧外患之况，以拯救民族危亡为己任；他们果断拿起"笔杆子"当作武器，积极投身于文艺作品的创作中；他们不畏强敌、不怕牺牲，对国民党反动派展开了文化上的猛烈的反"围剿"，创造了一批又一批脍炙人口、讴歌人民的匠心之作。"中华民族到了最危险的时候，每个人被迫着发出最后的吼声。"这首诞生在血与火的岁月中的《义勇军进行曲》，是人们在民族苦难中继续坚持奋勇拼搏的精神寄托，是人们在民族危难之际发出的一致抗敌的时代最强音，是人们在民族浩劫中坚持正确价值导向进行文化创新的最佳印记，对动员人民奋起救亡起到了巨大的作用，在精神上鼓舞了千千万万遭受战争之痛的中国人民。

二、《白毛女》背后的阶级斗争文化

文化开拓创新要立足于实践，在正确的价值观引领下，创作出代表中国历史发展方向的大众文化，不断满足人民群众的文化需求，增强人民群众的精神力量。中国共产党自成立之日起，就高度重视文艺事业和文艺工作，始终坚持开拓创新，用无数脍炙人口的文艺作品弘扬了民族精神。《白毛女》作为新中国红色经典之首，是延安文艺的代表作，其背后的阶级斗争文化切实而有力地警醒了人民，成为革命斗争的有力武器，促进了中国革命事业的发展。

1942 年，毛泽东在延安文艺座谈会上，指出了文艺工作者在文艺创作中应坚持正确的方针和原则。他强调，文学必须从属于革命，必须鼓动广大人民群众参加革命，文艺批评的标准应是"以政治标准放在第一位，以艺术标准放在第二位"①。这也鼓舞了延安的文艺工作者义无反顾地深入人民群众，创作出许多符合时代主题、反映中国共产党思想理念的革命文学艺术作品。

《白毛女》故事的原型有着浓烈的浪漫传奇色彩。土地革命战争时期，在河北省晋察冀边区流传着"白毛仙姑"的传说，主人公是一个浑身长满白毛的"仙姑"，她为逃脱地主的迫害住在一个山洞里，主宰着人间的一切祸福，为人民惩恶扬善，每当有人靠近她时，她就消失得无影无踪。

1931 年，日本发动侵华战争，八路军挺进敌后。同期流传着这样一种传说：白毛女是为躲避地主迫害才住进山洞里的，因为她在山洞中少吃没穿，不见阳光不吃盐，所以全身发白。有一次她去偷奶奶庙里的供品，被村人信奉为"白毛仙姑"，从此她就借供品以度日。

后来，中国共产党发动农民群众减租减息、斗恶霸地主。于是，当地群众根据自己的价值观选择性补充这个传说并口耳相传，这也是造成"白毛女"多种传说版本的原因之一。

1944 年，抗日战争进入战略反攻阶段。就在这个时候，"白毛仙姑"的传说合乎其时地进入延安。当时，由于日寇对抗日根据地的经济封闭和军事包围，再加上根据地连续几年遭受到严重的自然灾害，革命根据地出现了严峻的经济困难情况，为了克服经济困难，中国共产党领导抗日根据地军民开展了以自给自足为目标的大生产运动。这

①《毛泽东选集》第三卷，人民出版社 1991 年版，第 869 页。

个时期，农民群众还受到地主阶级的残忍压榨和残酷的经济剥削。这些困难都加深了农民群众对地主阶级和日本帝国主义的憎恨，他们需要一个窗口或者寄托来表达自己的情绪。

1945 年中国共产党第七次全国代表大会即将召开，那时，苏联红军已经从欧洲战场返兵攻打日本，日本败退，很明显，我们的抗战就要胜利了，胜利的曙光已经慢慢来临。这一时期，急需一部文艺作品来深刻揭露地主阶级凶残、贪婪的本质，深刻反映当时阶级斗争的激烈。同时，农民阶级也渴望在中国共产党的领导下翻身做主人，反对地主阶级压迫，过上自由幸福的生活。于是，在院长周扬的领导下，延安鲁迅艺术学院的艺术家们根据 1938 年开始流传的民间传说《白毛仙姑》，加工并改编出了民族歌剧《白毛女》，同时也将其作为对即将召开的中共七大献礼的节目。

《白毛女》的开拓创新首先在于它确立了一个全新的主题："旧社会把人逼成鬼，新社会把鬼变成人。"这是一个直接表达阶级斗争观念的主题。歌剧《白毛女》的主要内容是，冀中杨庄的老佃农杨白劳与女儿喜儿相依为命，喜儿与同村青年农民大春相爱。杨白劳因生活所迫向恶霸地主黄世仁借了高利贷，之后外出躲债，除夕之夜返回家中。黄世仁闻讯后赶来，强迫杨白劳卖女顶债，最后杨白劳无奈喝卤水自杀。喜儿被抢进黄家，遭黄世仁奸污，逃入深山，头发全白。两年后，大春随八路军回乡，在山洞里找到喜儿，替她申冤雪恨。在结尾处，村民们和喜儿一起开会批斗黄家的罪行，庆贺穷苦人重见天日。

1945 年，《白毛女》作为中共七大的献礼剧目首次在延安公演，以毛泽东为代表的许多中央领导人在延安中央礼堂观看了《白毛女》的演出。演出取得了极大的成功，当演员唱到"太阳底下把冤伸"

时，毛主席也不禁开始揩眼泪，一些女同志甚至感动得哭出声来。《白毛女》得到了观众们的广泛认可与情感共鸣。

歌剧《白毛女》是文艺工作者与人民群众紧密结合的革命文艺成果，通过对新旧社会的对比，深刻地揭露了广大贫困农民被地主剥削的坎坷苦难生活，愤怒地控诉了地主阶级的罪恶行为，鼓舞着农民阶级反抗地主阶级的压迫，指出了农民只有在中国共产党的领导下与地主阶级进行坚决的斗争，才能够实现翻身解放，才能够脱离被压迫的水深火热的生活。

在民族战争走向阶级斗争的关键时刻，《白毛女》不再是简单的文艺作品，而成为展现阶级斗争的重要工具，成为团结人民、打击敌人的强劲武器。歌剧中的喜儿代表受压迫的农民阶级，黄世仁代表实施压迫的地主阶级，他们之间的矛盾是尖锐的阶级矛盾。《白毛女》揭示的阶级斗争文化，不仅歌颂了中国共产党领导的人民革命斗争，而且成为发动人民群众进行革命斗争最生动的教材，切实有力地促进了中国革命事业的发展，发展了真正的无产阶级文化。

毛泽东指出："一定的文化（当作观念形态的文化）是一定社会的政治和经济的反映。"[1] 他非常重视延安时期中国共产党对文艺工作的领导作用，主张积极有效地对文艺进行继承与创新，发挥文艺的意识形态功能。在革命时期，《白毛女》将强烈的浪漫主义精神和共产党的阶级斗争理论结合在一起，加强了对意识形态领域思想观念的宣传，充分发挥了根据地文化的力量，其背后的阶级斗争文化使中国共产党更加确定了坚持文化战线部署对革命斗争有着不可磨灭的重要

---

[1]《毛泽东选集》第二卷，人民出版社 1991 年版，第 663 页。

作用。

《白毛女》作为一部经典的革命文艺作品，之所以能够大受欢迎，就在于它坚持以人民为中心的理念来进行文艺创作，更加突出人民群众在新社会中存在的意义，引起了广大人民的情感共鸣，激发了人民反革命的决心和反对阶级压迫的斗志，并且鼓舞了根据地农民在中国共产党的领导下以坚定的态度同一切反革命、反团结的思想作坚决的斗争，以阶级斗争文化强有力地促进了中国人民解放事业的发展；《白毛女》之所以能够如此的大获成功，就在于它坚持了文艺作品创造应该遵循的正确价值导向，真正意义上实现了通过一种文化力量指引中国社会革命的实践和前进。因此，我们必须大力发扬革命文化的重要作用，坚持用正确的价值导向来引领文化的开拓创新，坚持在文艺工作中用无产阶级意识形态武装人民头脑、增强人民体魄，鼓舞人民同一切压迫和剥削的阶级作彻底的反抗和斗争。

三、 社会主义核心价值观和全人类共同价值

党的十八大以来，以习近平同志为核心的党中央高度重视正确价值导向的引领作用，在国内大力提倡和弘扬社会主义核心价值观，在国际上大力提倡"全人类共同价值"，以期寻找文化上开拓创新的最佳实现路径。

社会主义核心价值观的提出并不是一蹴而就的。"社会主义核心价值观"是胡锦涛同志在党的十六届六中全会提出的。2006 年 10 月，党的十六届六中全会第一次明确提出了"建设社会主义核心价值体系"的重大命题和战略任务，明确提出了社会主义核心价值体系的内容，并

指出"社会主义核心价值观是社会主义核心价值体系的内核"①。

2007 年 10 月，党的十七大进一步指出了"社会主义核心价值体系是社会主义意识形态的本质体现"②。2011 年 10 月，党的十七届六中全会强调，社会主义核心价值体系是"兴国之魂"，建设社会主义核心价值体系是推动文化大发展大繁荣的根本任务。2012 年，党的十八大提出，"倡导富强、民主、文明、和谐，倡导自由、平等、公正、法治，倡导爱国、敬业、诚信、友善，积极培育和践行社会主义核心价值观"③。

党的十八大以来，以习近平同志为核心的党中央大力弘扬社会主义核心价值观，不断丰富和发展社会主义核心价值观的内涵与外延，在国家层面、社会层面、个人层面均提出了不同的行为要求和价值遵循，要求全党全军全国各族人民共同遵守，将社会主义核心价值观"内化于心、外化于行"，用正确的价值导向引领文化上的开拓创新，共同致力于建设社会主义社会。

2017 年，习近平总书记在党的十九大报告中强调，"必须坚持马克思主义，牢固树立共产主义远大理想和中国特色社会主义共同理想，培育和践行社会主义核心价值观"④。

党的二十大报告指出："广泛践行社会主义核心价值观。弘扬以伟大建党精神为源头的中国共产党人精神谱系，用好红色资源，深入

---

① 王炳林：《党的历史与党的建设研究》，人民出版社 2016 年版，第 332 页。

② 胡锦涛：《高举中国特色社会主义伟大旗帜　为夺取全面建设小康社会新胜利而奋斗》，人民出版社 2007 年版，第 34 页。

③ 胡锦涛：《坚定不移沿着中国特色社会主义道路前进　为全面建成小康社会而奋斗》，人民出版社 2012 年版，第 31—32 页。

④ 习近平：《决胜全面建成小康社会　夺取新时代中国特色社会主义伟大胜利》，人民出版社 2017 年版，第 23 页。

开展社会主义核心价值观宣传教育，深化爱国主义、集体主义、社会主义教育，着力培养担当民族复兴大任的时代新人。推动理想信念教育常态化制度化，持续抓好党史、新中国史、改革开放史、社会主义发展史宣传教育，引导人民知史爱党、知史爱国，不断坚定中国特色社会主义共同理想。"①

2015年9月28日，习近平总书记在出席第七十届联合国大会一般性辩论时发表《携手构建合作共赢新伙伴　同心打造人类命运共同体》的主题演讲，正式提出"全人类共同价值"这一完整的概念。2018年12月10日，习近平总书记致信纪念《世界人权宣言》发表70周年座谈会强调："中国人民愿同各国人民一道，秉持和平、发展、公平、正义、民主、自由的人类共同价值，维护人的尊严和权利，推动形成更加公正、合理、包容的全球人权治理，共同构建人类命运共同体，开创世界美好未来。"②

2020年9月22日，习近平总书记在第75届联合国大会一般性辩论上的讲话中指出："历史接力棒已经传到我们这一代人手中，我们必须作出无愧于人民、无愧于历史的抉择。让我们团结起来，坚守和平、发展、公平、正义、民主、自由的全人类共同价值，推动构建新型国际关系，推动构建人类命运共同体，共同创造世界更加美好的未来！"③

2021年7月1日，在庆祝中国共产党成立100周年大会上的讲话中，习近平总书记再次强调，"中国共产党将继续同一切爱好和平的

① 习近平：《高举中国特色社会主义伟大旗帜　为全面建设社会主义现代化国家而团结奋斗》，《人民日报》2022年10月17日。
② 习近平：《坚持走符合国情的人权发展道路　促进人的全面发展》，《人民日报》2018年12月11日。
③ 习近平：《习近平在联合国成立75周年系列高级别会议上的讲话》，人民出版社2020年版，第13页。

国家和人民一道，弘扬和平、发展、公平、正义、民主、自由的全人类共同价值"①。

2021年11月11日，中国共产党第十九届中央委员会第六次全体会议通过的《中共中央关于党的百年奋斗重大成就和历史经验的决议》指出："面对复杂严峻的国际形势和前所未有的外部风险挑战，必须统筹国内国际两个大局，健全党对外事工作领导体制机制，加强对外工作顶层设计，对中国特色大国外交作出战略谋划，推动建设新型国际关系，推动构建人类命运共同体，弘扬和平、发展、公平、正义、民主、自由的全人类共同价值，引领人类进步潮流。"②

党的二十大报告指出："我们真诚呼吁，世界各国弘扬和平、发展、公平、正义、民主、自由的全人类共同价值，促进各国人民相知相亲，尊重世界文明多样性，以文明交流超越文明隔阂、文明互鉴超越文明冲突、文明共存超越文明优越，共同应对各种全球性挑战。"③

习近平总书记在坚持正确价值导向、尊重世界文明的多样性角度提出了"全人类共同价值"理念，主张在文明多样性的基础上寻找共同性，在多元文明交流互鉴、共生共存的过程中携手创造共同性，符合历史发展潮流，符合世界发展趋势，符合人类前途命运。

可以说，全人类共同价值主张各国在追求自身利益的同时，关注全人类共同利益需要的满足，以实现自身利益和全人类共同利益的协调发展。"全人类共同价值"是在和而不同、求同存异、天下大同、

① 习近平：《在庆祝中国共产党成立100周年大会上的讲话》，人民出版社2021年版，第16页。
② 《中共中央关于党的百年奋斗重大成就和历史经验的决议》，《人民日报》2021年11月17日。
③ 习近平：《高举中国特色社会主义伟大旗帜　为全面建设社会主义现代化国家而团结奋斗》，《人民日报》2022年10月17日。

美美与共的正确价值理念的支撑下，去寻求全世界共同发展的新的着力点，以把世界建设得更加美好。

第三节 讲好中国故事驱动文化外宣创新

文化在交流中绽放光彩，文明在互鉴中不断丰富。中国共产党立足于中华传统文化，坚持推动传统文化在创新中走向世界，同时让世界更近距离地了解中国。中国要展现中华文化的独特魅力，让世界了解中华文化的独有价值，就必须在练好内功的同时，积极推动中华文化迈出国门，主动为世界了解中国提供东方视角。

一、 新中国成立初期文化对外宣传的开拓创新

新中国成立初期，我国在国际上面临着西方帝国主义国家的封锁，它们企图联合起来将刚刚获得新生的新中国扼杀在摇篮中。面对着政治上的打压、经济上的封控、军事上的威胁，甚至是文化上的"霸权主义"，伟大、光荣、正确的中国共产党没有在困境面前一蹶不振，而是不断创新文化宣传方式，向全世界介绍这个新生政权的生命活力，让全世界了解中国五千年文化的深厚底蕴，让全世界重新认识新中国。

新中国成立初期，党和国家领导人不断聚焦文化交流传播和百废待兴的社会现实需求，不断创新文化对外交流传播的途径和方式，

"作为增进各国人民之间的相互了解和促进国际合作的一个方法，文化交流已经取得了初步的成就"①。在众多的成就中，最引人注目的便是《中国建设》这一刊物。《中国建设》作为中国新闻行业对外宣传新中国的一次尝试，毫无疑问地发挥了不可替代的作用。

新中国成立后，国际国内政治形势彻底改观。国内，中国共产党领导中国人民建立了新中国，政治局面欣欣向荣；国际上，二战结束，美苏两极对立，全球陷入"冷战"的可怕氛围。在这种大背景之下，开展对外宣传恰逢其时，而针对这一点，周恩来也考虑已久。从1950 年 10 月开始，周恩来先后三次拜访宋庆龄，表示希望由她出面创办一本对外宣传新中国现状以及中国历史文化的刊物，向全世界介绍新中国的情况。12 月 31 日，周恩来再次提出，希望借助宋庆龄在国际上的影响力去创办一个英文刊物。宋庆龄欣然接受了周恩来的意见，带领团队进入了紧张而烦琐的筹备阶段。经过一年多时间，《中国建设》第一期终于发刊。《中国建设》一经发刊便受到海外多国读者的热烈欢迎，远销 118 个国家，成为当时中国对外发行量最多的一份出版物，也是当时唯一一份能够进入美国市场的中国出版物。在当时的形势和环境下，《中国建设》不仅全面地介绍了新中国的面貌，还介绍了东方大国上下五千年的文化特质。由此，《中国建设》成为外界打开东方古国大门的"钥匙"，成为中华文化走向全世界的"把手"，也成为世界了解新中国的"窗口"。总的来说，《中国建设》的创立是党和国家领导人进行文化对外宣传的一次成功的尝试，是文化对外宣传方式上的一次伟大的开拓创新，它不仅使中国五千年"爱好

---

① 周恩来：《周恩来总理兼外交部长关于目前国际形势、我国外交政策和解放台湾问题的发言》，《人民日报》1956 年 6 月 29 日。

和平、与人为善"的文化传统和优良品质为世界其他各民族了解，还为我国加强与其他国家的交流合作提供了良好的契机，也为我国的社会主义建设事业赢得了良好的国际环境。

二、 改革开放新时期文化对外宣传的开拓创新

1978 年 6 月 23 日，邓小平同志在指导清华大学留学生工作时指出："我赞成增大派遣留学生的数量，派出去主要学习自然科学。要成千上万地派，不只派十个八个。……要千方百计加快步伐，路子要越走越宽。"[①] 在明确扩大留学生规模基本思路的同时，邓小平同志也十分关注留学生的选派方式、选派国家等问题。根据邓小平同志的指示，中国教育部为了加快落实留学生留学渠道，先后与欧美、日本、韩国等多国商议，并签订了互派留学生协议。从此，中国与其他国家以互派留学生的形式，拉开了改革开放后中国对外进行文化宣传和交流的序幕。1978 年党的十一届三中全会召开，我国随之进入了改革开放新时期。伴随着经济的飞跃发展，我国的文化对外宣传也迎来了发展的春天。邓小平同志提出"要在建设高度物质文明的同时，建设高度的社会主义精神文明"[②]，江泽民同志提出"始终代表中国先进文化的前进方向"[③]，胡锦涛同志提出"推进社会主义文化强国建设"[④]，这些都为我国对外宣传中华优秀文化提供了文化供给上的根本保障。

[①]《邓小平论引进国外智力》中共中央党校出版社 1998 年版，第 20 页。

[②]《三中全会以来重大决策的形成和发展》，中央文献出版社 1998 年版，第 286 页。

[③]《"三个代表"重要思想概论》，人民出版社 2006 年版，第 134 页。

[④] 胡锦涛：《坚定不移沿着中国特色社会主义道路前进　为全面建成小康社会而奋斗》，人民出版社 2012 年版，第 30 页。

改革开放以来，我国一改以往文化对外宣传以传统方式为主的"老路子"，转向立足于中国文化对外宣传亟待解决的现实情况，不断开拓文化对外宣传的内容，不断寻求传统方式与时代特征的融合方法，创造了一系列新的文化对外宣传的途径与方式。其间，国家先后成立中央对外宣传小组和对外文化交流协会，建立了以新华社为核心的 24 小时无间断发稿体制，将印刷媒体与电子传媒深度融合，这标志着我国文化对外宣传的日益成熟，也标志着我国文化对外宣传进入了一个新的发展阶段，取得了丰富的文化交流成果。

进入 20 世纪 90 年代，面对激荡风云的世界形势，中国文化对外宣传工作转变了重点，以期通过宣传中国传统主流文化——"儒家"文化，来传播中国"以和为贵、天下大同"的美好品质，从而减少在国际交往中其他国家对我国的误解以及由此引发的摩擦，由此，《论语》《道德经》等中国古代经典著作的英文版，在欧美国家广受欢迎。从新中国成立初期到 1991 年，中国与外国签订的 133 个政府间的文化合作协定中，91 个是 1978 年底以后签订的，约占总数的三分之二。从 1980 年到 1991 年，中国和外国签订的文化交流执行计划达 253 个，交流的范围涉及文化、艺术、教育、新闻、出版、广播、电影、电视、图书、博物馆等方面。1966 年以前，中国派出和接待的各种文化团体平均每年有一二百起，五六百人次；而改革开放新时期的 10 年间，仅文化部办理的文化交流项目就达 7500 起、60000 余人次，其中派出的文化代表团达 86 余个，访问了亚、非、拉、欧、北美、大洋洲的大多数国家。

三、 进入新时代文化对外宣传的开拓创新

（一）"一带一路"使得文化对外宣传落地生根

习近平总书记在庆祝中国共产党成立 100 周年大会上庄严宣告："我们实现了第一个百年奋斗目标，在中华大地上全面建成小康社会，历史性地解决了绝对贫困问题，正在意气风发向着全面建成社会主义现代化强国的第二个百年奋斗目标迈进。"① 在新的征程上，讲述好中国百姓用真情实感谱写的中国故事，传播来自中国最响亮的正能量声音，推动中华文化在实践中进行开拓创新，进而向世界展示真实、立体、全面的中国，是新时代赋予我们党和人民任重而道远的使命，而"一带一路"使得这个"任重而道远"的使命得以落地生根。

2013 年 9 月 7 日，习近平总书记在哈萨克斯坦纳扎尔巴耶夫大学发表演讲时提出各国之间可以运用创新型合作模式建设"丝绸之路经济带"的倡议。同年 10 月，习近平总书记在出访印度尼西亚期间提出了共建"21 世纪海上丝绸之路"，"一带一路"重大倡议由此构成。自此，"一带一路"成为一项造福于沿途各国人民的幸福之路。如果说，丝绸之路是连接东西文明交会的历史符号，那么"一带一路"便开启了不同文化交流互鉴的新时代，为中华传统文化这个凝聚着中国人的精神追求和独特智慧的巨大宝库提供了走出国门、迈向世界的舞台。习近平总书记在十八届中央政治局第十二次集体学习的讲话中指

---

① 习近平：《在庆祝中国共产党成立 100 周年大会上的讲话》，《人民日报》2021 年 7 月 2 日。

出："要加强提炼和阐释，拓展对外传播平台和载体，把当代中国价值观念贯穿于国际交流和传播方方面面。"① 因此，我们要充分利用好"一带一路"平台开展与沿线国家的文化合作，推动中华文化"走出去"，提高我国的文化软实力和国际影响力。

2018 年，上海博物馆与斯里兰卡中央文化基金会联合考古队，对斯里兰卡的阿莱皮蒂遗址进行了充分的发掘，还对贾夫纳地区进行了全面的考察。据中方领队、上海博物馆考古研究部主任陈杰介绍，中方在阿莱皮蒂遗址发掘出土了 650 多片陶瓷器，其中光是从中国传来的瓷片就超过了 600 片，这些瓷片的历史大概可以追溯到北宋后期。除了追溯瓷片的历史之外，考古人员还追溯了这些瓷器的产地，发现这些瓷片主要产自中国东南沿海地区，且大多集中于两广和福建地区，主要以广州西村窑、潮州窑为主，形式形态各样，图案生动活泼，具有极高的观赏价值。除了考古发掘之外，考古工作人员还对贾夫纳地区进行了全面细致的考察，共发现了 20 多个遗址点，又通过比对大量文籍资料，对各个遗址点的历史文化有了进一步的了解。工作人员在部分遗址点里还发现了来自中国元代的枢府瓷、明清时期的青花瓷等，这又一次印证了"古丝绸之路"对外交流的繁荣之况。在考古工作中，中斯双方秉持着平等互利的原则通力友好地开展合作，中国考古工作人员坚持"以邻为友，诚信为先"的理念，与斯里兰卡的考古工作人员共享考古技术和考古资料，赢得了斯里兰卡考古人员的高度认可。通过此次联合考古，中国和斯里兰卡考古队员结下了深厚的友谊，双方也十分期待未来可以在其他文化遗址展开深度合作研究。

---

① 《习近平谈治国理政》，外文出版社 2014 年版，第 161 页。

除了与斯里兰卡考古队开展文化考古合作之外，中国还与柬埔寨考古队开展了合作。2010 年，中国政府正式启动了援助柬埔寨吴哥古迹文化保护——茶胶寺保护修复工程。在双方考古队的通力合作之下，历经几年时间，项目于 2018 年顺利竣工，使这个被誉为柬埔寨国宝的古代东方四大奇迹之一又以崭新的面貌呈现在世界面前。

茶胶寺遗址是吴哥遗址群中最雄伟且具有典型特征的庙山建筑之一，它代表了吴哥庙山建筑艺术发展的高峰。在修复茶胶寺时，中国文物修复团队发现须弥台顶端的庙山五塔面临着塌方的险情，于是及时与柬埔寨工作人员进行沟通，双方工作人员为了更好地保护文物和在场游客的安全，决定对其进行排险加固。通过考察，工作人员发现茶胶寺的主体是由石块建造而成的，由于自然力和人为因素等的破坏，茶胶寺损毁或者丢失的石头构件非常多。本着"最小干预""不改变文物原状"的文物修复原则，工作人员翻阅了大量古籍，进行了大量对比，找到了吴哥窟古迹建造时的采石区域，在那里寻找和文物建设时材质相同的石头，并且在修复过程中尽最大可能采用原石进行修复，确保了文物修复的还原度，向世人真实地展示文物的历史原貌。

此外，中国国家文物局还与"一带一路"沿线其他国家展开积极的文物保护合作，帮助其他国家修复文物、发掘遗址，让众多面临失传的文物得以重见天日。在与孟加拉国的合作中，出土了寺庙建筑、佛塔等大量遗迹；在与沙特阿拉伯的合作中，我国文物考古工作人员在红海地区港口遗址中首次发现了中国瓷器，这一发现再次证实了"古丝绸之路"的历史事实，也得到了全世界文物保护工作者的广泛关注。由中国带头参与的考古发掘、文物保护等项目的开展，为推动

"一带一路"沿线国家的文化建设、维护世界文明多样性、共建人类命运共同体贡献了力量，谱写了"一带一路"沿线国家文化交流新华章。

（二）孔子学院是中国文化"走出去"的成功范例

2018 年 8 月，习近平总书记在全国宣传思想工作会议上指出："要不断提升中华文化影响力，把握大势、区分对象、精准施策，主动宣介新时代中国特色社会主义思想，主动讲好中国共产党治国理政的故事、中国人民奋斗圆梦的故事、中国坚持和平发展合作共赢的故事，让世界更好了解中国。"① 如今，中国文化走出去成为潮流，我们应该主动挖掘具有中国特色的文化符号，向世界展示中国现代多元、丰富的生活方式，让世界在点点面面中了解中国、爱上中国。

谈到中国特色文化符号，汉字毋庸置疑成为最受追捧的对象。汉字在海外传播有着重要的载体——孔子学院，它的设立宗旨就是向全世界宣传中国的优秀文化，增进世界对中国的了解。2004 年 11 月，全球第一家孔子学院在韩国首尔设立。截至 2022 年 11 月，全世界共有 476 所孔子学院，共有 127 个国家和地区开设了孔子学院。除了孔子学院，在全世界还有 851 个中小学孔子学堂，这是我国进行文化对外宣传方式的一大开拓创新。作为中华文化传播的重要载体，孔子学院在提升国家文化软实力方面作出了突出的贡献，是中华优秀文化"走出去"的重要窗口。

党的十八大以来，习近平总书记高度重视文化在对外传播中的作

---

① 《习近平谈治国理政》第三卷，外文出版社 2020 年版，第 314 页。

用，也十分重视孔子学院在助力与"一带一路"沿线国家深度合作中的作用。在中亚，自 2005 年塔什干孔子学院设立以来，孔子学院在中亚已经有十几年的发展历程。2020 年，孔子学院相关机构进行了改革，中亚地区的孔子学院实现了较快的发展，步入了发展的新纪元，我国与中亚地区国家之间的文化交流互鉴也呈现出欣欣向荣的景象。一方面，中亚各国政府对孔子学院的认识越来越深刻，在政策上加大了对孔子学院的支持和帮扶力度，使孔子学院获得了稳定的政治发展环境；另一方面，中亚地区的人民对孔子学院的认识也逐步加深，他们不仅喜欢学习汉字，更喜欢中华文化，加深了对中国的认识和了解，这也使得他们自觉地成为中国和中亚文化交流传播的文化使者，从而促进了中亚地区与中国文化的深度交流。

新时代孕育着新使命，新使命蕴藏着新生机。随着中国文化对外宣传的手段和途径日益多样化，越来越多的中国元素在全世界各国落地开花，一幅幅演绎着"中国故事"的美丽画卷，正在世界面前徐徐展开。

中国共产党之所以能够在风起云涌、斗争不断的局面中逐步站在历史舞台中央，很重要的一点，就是中国共产党始终坚持开拓创新。中国共产党成立之后，中国共产党人凭借着天生的敏锐力审时度势，不断总结历史经验，于变局中开新局，不断积极进取，在理论、实践、制度、文化方面进行多层次多角度的开拓创新，创造出了一系列独一无二的显著成果，而永不止步的中国共产党人又在此基础上进一步地去创造、去开发，不断推动马克思主义的中国化，推动着中国特色社会主义巨轮行稳致远。

开拓创新在党的历史上发挥着举足轻重的作用。纵观党的四个伟大历史时期，每一次实现理论上的重大飞跃都离不开对开拓创新的深入学习，每一次领导人民取得的重大历史性突破都离不开对开拓创新的认真贯彻，每一次实现社会制度本土化都离不开对开拓创新的精准把握，每一次实现文化上的大繁荣大发展都离不开对开拓创新的全面落实。新民主主义革命时期党领导人民走出了一条"农村包围城市，武装夺取政权"的革命道路，取得了新民主主义理论的重大成果，社会主义革命和建设时期党进行的"一化三改"的社会主义改造，改革开放和社会主义建设新时期开创的中国特色社会主义制度，又或是进入新时代党为满足人民群众文化需求所创作的社会主义文化，这些都是中国共产党人在对开拓创新一如既往地坚守下才取得的。

习近平总书记指出，"创新是一个国家、一个民族发展进步的不竭动力"①。在新的历史征程上，我们全党要实现百尺竿头更进一步，就必须牢牢继承和发扬开拓创新这一宝贵历史经验，把开拓创新放在党、国家和民族事业发展全局中，不断解放思想，破除教条，敢拼敢闯，不断根据新的实践去进行新的探索，推动中国特色社会主义事业一往无前。党的百年奋斗史已经充分证明了开拓创新是中国共产党从一个胜利走向另一个胜利的重要法宝，在全面建设社会主义现代化强国、实现第二个百年奋斗目标的进程中，我们更要牢牢坚守，倍加珍惜，在新时代的伟大实践中不断丰富和发展，将开拓创新融入中国式现代化新道路的时代进程中，不断解决发展过程中遇到的时代性难题。在党的领导之下，坚持问题导向，发扬主动精神，依靠人民力量赢得历史主动，抢占发展先机，增强发展动力，继续谱写中华民族伟大复兴新篇章，不断创造出举世瞩目的中国道路发展奇迹。

---

①《中共中央关于党的百年奋斗重大成就和历史经验的决议》，《人民日报》2021 年 11 月 17 日。